白川静さんに学ぶ
漢字がわかる
コロナ時代の二字熟語

小山鉄郎

論創社

まえがき

新型コロナウイルスによる感染症《かんせんしょう》の拡大《かくだい》の時代に、よく使われるようになった漢字の「二字《にじ》熟語《じゅくご》」の一つに「逼迫《ひっぱく》」があります。そのほとんどが「医療の逼迫」について使用されたものでした。

この「逼迫」の「逼」に含《ふく》まれる「畐《ふく》」は酒樽《さかだる》など、下部にふくらみのある器の形で「ふくらんだもの」「満ちるもの」の意味があります。つまり「畐」で繋《つな》がる漢字の「福」「富」「幅」「副」「逼」はすべて「丸くふくらんだもの」の意味を含んでいるのです。「逼迫」とは、道を行くと「丸くふくらんだもの」が迫《せま》ってくるように、危難《きなん》が身に迫ることです。コロナウイルスの感染源《かんせんげん》ではないかとも言われる「蝙蝠《こうもり》」の「蝠」にも「横に広がっているもの」の意味があります。

本書は「コロナ時代」に頻繁《ひんぱん》に使われるようになった、漢字の「二字熟語」に注目して、このような漢字の繋がりの世界を紹介《しょうかい》した本です。

新型コロナウイルスの感染拡大で、さまざまな「会合」が「延期《えんき》」となりました。その「延期」となった最大の催《もよお》しは、二〇二〇年夏に開催《かいさい》予定だった「東京オリンピック」で、一年後の二〇二一年夏に開かれました。「オリンピック」のことを「五輪」と日本では呼《よ》んでいますが、この名称《めいしょう》が生まれたのは戦前の一九四〇年（昭和十五年）に予定されていた東京オリンピックの時でした。

一九三六年（昭和十一年）に東京でのオリンピック開催が決まりました。その時、「東京オリンピック」という言葉をより短く表記できないかと考えた読売新聞記者の川本信正さんが「五輪」と呼ぶことを発案したのです。その「東京五輪」は戦争で日本が返上してしまいましたが、「五輪」という言葉のほうは、以来八十年以上日本で使われ続けています。漢語の凝縮力《ぎょうしゅくりょく》を感じさせます。

その「五輪」の「輪」や「倫」や「論」など「侖《りん》」で繋がる漢字には「一連になって丸くまとめられたもの」の意味があります。また「延期」の「期」をはじめ「棋」「碁」「旗」「基」「欺」など「其《き》」を含む漢字は、すべて「四角形のもの」の意味で繋がっています。

このように、漢字はたいへん論理的体系的《ろんりてきたいけいてき》にできています。その漢字の仕組みがわかれば、系列的に繋がる文字を次々に理解して、自然のうちに覚えることができるのです。

漢字は三〇〇〇年以上前に中国で生まれた象形文字です。その誕生《たんじょう》以来、一度も途切《とぎ》れずに使われてきました。文字を持たなかった日本人も漢字を輸入し、自分たちの言葉を表す国字として使い続けているわけです。

この本では、例に挙げた「二字熟語」と対応する古代文字を示して、それをイラストでわかりやすく紹介しています。古代文字を理解することは難《むずか》しくありません。私《わたし》たちが今も使い続けている文字の源《みなもと》なのですから。誰《だれ》でも三〇〇〇年前の古代文字の姿《すがた》を容易に理解できるのです。「コロナ時代の二字熟語」を手がかりに、漢字の繋がりの世界を楽しんでいただけたらと思います。

白川静さんに学ぶ　漢字がわかる　コロナ時代の二字熟語

目次

白川静さんに学ぶ
漢字がわかる
コロナ時代の二字熟語

思《し》想《そう》

頭脳《ずのう》に心を加えた「思」
木との交流のように「想」

いろいろな「おもう」獲得《かくとく》

コロナウイルス時代を生きる「思想《しそう》」とはなんでしょう。人間の意のままにはならない新型コロナウイルスです。多くのウイルスと共生してきた人類の歴史を考えれば、人間中心の世界観ではなく、自然を中心とした東洋思想の価値《かち》を深く見つめ直す必要を説く人もいました。人も動物の一つであり、自然から生まれ、自然に還《かえ》っていくのですから。

そこで、この本の最初に「思想」という漢字の成り立ちを紹介してみたいと思います。「思想」の「思」も「想」も、どちらも「おもう」と読める漢字です。でも日本語の「おもう」には「考える」などの意味はありませんでした。「おも」は「面長《おもなが》」などの「おも」で顔のことです。その動詞《どうし》形である「おもう」は驚《おどろ》いたり怒《おこ》ったりして、顔色がパッと変わることでした。

でも日本人が漢字と出合い、これを輸入《ゆにゅう》して日本語を筆記するようになって、いろいろな「おもう」の意味を獲得《かくとく》していったのです。「思」の「田」は頭骨《ずこつ》の形で、考える働きのある「頭脳《ずのう》」に「心」を加えて、「考える」の「おもう」の意味となりました。

「想」の「相」は、茂《しげ》った「木」を「目」にしていると、木と人が交感し、木の生命力で人の生命力も盛《さか》んになるので、「相」に「おたがい」の意味があります。これに「心」を加えた「想」は「木」

との相互《そうご》交流《こうりゅう》的な意味を「人」との関係に及《およ》ぼして「おもう」ことを意味します。そこから「遠く想《おも》いを馳《は》せる、思いやる」の意味があるのです。

「念」の「今」は「栓《せん》のついている蓋《ふた》」の形です。つまり「心」に蓋をし、じっと我慢《がまん》して心中深く「おもう」ことです。

「懐古《かいこ》」の「懐」も「おもう」意味の漢字。この字は旧字《きゅうじ》形「懷」がわかりやすいです。「褱《かい》」の部分は「衣」の中に「眔《とう》」を加えた形。「罒」は横形にかかれた「目」で、その目から涙《なみだ》（水）が流れている姿《すがた》が「眔」。死者の「衣」の胸元《むなもと》に涙する姿に、「心」を表す「忄」（りっしんべん）を加えた「懷（懐）」は「死者のことを懐《なつ》かしみ、おもう」ことです。

このように日本人は漢字と出合うことで、さまざまな意味の「おもう」という概念《がいねん》を獲得してきました。もし日本人が漢字に出合わなかったら「顔色が変わる」という原始語に近い「おもう」という意味しか持たなかったかもしれないのです。日本人は漢字を媒介《ばいかい》にして知性《ちせい》、思想を高めてきたということです。

いま日本人が漢字を学ぶ意義は、そこにあると白川静さんは語っていました。

感《かん》染《せん》

神が感じ動き応《おう》じる「感」
枝葉《えだは》を水に漬《つ》けた「染」

鉞《まさかり》で呪《のろ》いの力を閉《と》じ込《こ》める

新型コロナウイルス感染拡大《かんせんかくだい》による日々の感染者数・死者数の増加《ぞうか》や減少《げんしょう》。この毎日の報道《ほうどう》で使われる「感染」の「感」と「減少」の「減」に同じ「咸《かん》」の字が含《ふく》まれています。その「咸」で繋《つな》がる漢字を紹介したいと思います。

白川静さんの研究業績《ぎょうせき》として知られるのが、「口」の字形が顔の「くち」ではなく、神様への祈《いの》りの言葉を入れる器「口」(サイ)であることを発見して、「口」を含む文字の成り立ちを解明《かいめい》したことです。「咸」もその一つで、神への祈りの言葉を入れた器「口」(サイ)に「戉《えつ》」を加えた文字です。「戉」は「鉞《まさかり》」のことで、聖《せい》なる力があるとされていました。その「鉞」の刃《は》の部分を加えて、神への祈りの言葉を入れた「口」(サイ)の呪《まじな》いの力を閉《と》じ込《こ》める字が「咸」です。「おわる、ことごとく」の意味です。書状《しょじょう》などを入れる文箱《ふばこ》を糸で封緘《ふうかん》する「緘」に「とじる」「閉じ込める」意味があります。手紙の封書を緘書と言います。

そして「咸」に「心」を加えたのが「感染」の「感」です。祈りに対して神の心が動き応《こた》えることで、それを人に移《うつ》し、人の心情《しんじょう》が動く意味となりました。だから「感」を含む字には「心」などの動きに関係したものが多いのです。

コロナウイルス感染症《かんせんしょう》は世界を「震撼《しんかん》」させた新型伝染病《でんせんびょう》ですが、その「撼」は神の感応《かんのう》により、他を動かすことです。休業要請《ようせい》に応《おう》じないパチンコ店などが相次ぎ、自治体の長から「遺憾《いかん》」の言葉が発せられることもありましたが、この「憾」は神の感応が不十分で、意に満たず、心残りなことです。そこから「うらむ、うれえる」の意味となりました。

最初に触《ふ》れた「減少」の「減」は「咸」に「氵《さんずい》」（水）を加えた文字です。祈りの効果《こうか》を守り、閉じ込めるために封緘していた「咸」に水をかけ、祈りの効果《こうか》を減《へ》らし無くしてしまう字で、そこから「へらす」意味となったのです。

このように漢字はたいへん論理《ろんり》的、体系《たいけい》的にできています。

「感染」の「染《せん》」のほうは「氵」と「朶《だ》」を組み合わせた形。「朶」は木の枝葉《えだは》などが垂《た》れ下《さ》がった姿《すがた》です。その枝葉を水に漬《つ》けて色を染《そ》めることを表します。

色が他に「そまる、しみる」ことから「感染」などの言葉が生まれました。

「乃《だい》」の字形は「秀《しゅう》」にもありますが、それは「禾《か》」（稲《いね》）の花が咲《さ》いて実って穂《ほ》が垂《た》れている姿です。

推《すい》進《しん》

今もニュアンス残す「推」
占って軍隊を進める「進」

鳥占《とりうらな》いに関係した文字

在宅勤務《ざいたくきんむ》、テレワーク、インターネットを使った学校の授業《じゅぎょう》などが、新型コロナウイルス感染《かんせん》拡大《かくだい》の時代に推進《すいしん》されました。

そこで「推進」の漢字に込《こ》められた古代中国の鳥占《とりうらな》いというものを紹介してみたいと思います。「推」「進」の両字に共通した「隹《すい》」は鳥の意味です。「旧《きゅう》」（ふるい）の旧字《きゅうじ》形「舊」に「隹」が含《ふく》まれているので、「隹」は「ふるとり」と呼《よ》ばれています。

古代中国では鳥は神の使者と考えられて、鳥を使った占いが行われていました。「推」も「進」もこの鳥占いの漢字です。

まず「進」から説明しましょう。「辶」（しんにゅう）は「彳」と「止」を合わせた字形です。「彳」（ぎょうにんべん）は十字路の象形文字である「行」の左半分の形で、小径《こみち》の意味。「止」は足跡《あしあと》の形で、歩く意味。「彳」と「止」を合わせた「辶」は道を行くことを表しています。

「隹」に「辶」を加えた「進」は軍隊を進めるべきかどうかを「隹」（鳥）の様子を通して、神に占う文字です。鳥占いの結果、進軍することを「進」と言います。

「隹」に「扌《てへん》」を加えた「推」は何かの物事《ものごと》を推《お》し進める際《さい》に鳥の動きから判断《はんだん》した文字です。今

も「推察《すいさつ》」「推測《すいそく》」「類推《るいすい》」の熟語《じゅくご》には占い的なニュアンスを残しています。

詩や文の表現《ひょうげん》をよく練り直すことを「推敲《すいこう》」と言いますが、白川静さんの字書『常用字解《じょうようじかい》』の「推」の項《こう》には、その由来となった故事《こじ》が記されています。唐《とう》の詩人賈島《かとう》が「僧《そう》は推《お》す月下の門」の句《く》を作った時、「推《おす》」を「敲《たたく》」に改めたほうがよいかどうか苦心したことから「推敲」の言葉が生まれました。

「唯々諾々《いいだくだく》」（はいはいと、他人の言うままに従《したが》う）などの熟語に使われる「唯」も鳥占いの文字です。左側の「口」は顔の「くち」ではなく、神への祈りの言葉を入れる器「口」（サイ）のこと。その「口」（サイ）を「隹」の前に置いて神意を問うと、神様が「よろしい」と聞き入れるのです。そこから「しかり」という意味になりました。

新型コロナウイルスの大流行で感染経路《けいろ》不明の例が増《ふ》える中、「誰《だれ》が感染してもおかしくない状況《じょうきょう》」と日本医師会《にほんいしかい》会長も述《の》べました。そのことへの一人一人の自覚が重要ですが、この「誰」という字にも「隹」があります。不特定の者を推測する鳥占いが「誰」です。「それはいったい誰なのだ？」という鳥占いがそのまま疑問代名詞《ぎもんだいめいし》となりました。

俳《はい》 優《ゆう》

並《なら》び演《えん》じる喜劇《きげき》役者「俳」
憂《うれ》い演《えん》じる悲劇《ひげき》役者「優」

●櫛《くし》の形をそのまま文字に

笑いの世界に一時代を築いたタレントの志村《しむら》けんさんが、新型コロナウイルスによる肺炎《はいえん》のため亡《な》くなったことは、国民に大きなショックを与《あた》えました。俳優《はいゆう》としても独特の存在感《そんざいかん》を発揮《はっき》。志村さん主演《しゅえん》の映画《えいが》『キネマの神様』を撮影《さつえい》開始直前だった山田洋次監督《やまだようじかんとく》が「喜劇《きげき》の世界の宝でした」と、その死を惜《お》しみました。同作は沢田研二《さわだけんじ》さんが代役で主演を務めています。

ここでは「俳優」という熟語《じゅくご》について紹介したいのですが、その理由は「俳優」の各文字に「喜劇《きげき》俳優」と「悲劇《ひげき》俳優」の意味が込められているからです。

漢字の元は象形文字なので、形のあるものを表すことは得意ですが、形のない意味を表すことは苦手です。だから形のない意味を表す時は、他の文字の音だけを借りて、別な意味を表します。この用法を仮借《かしゃ》と言います。例えば「非《ひ》」は髪《かみ》の「すき櫛《ぐし》」の形をかいた象形文字ですが、これを否《ひ》定《てい》の「あらず」の意味に使うのは仮借の用法です。でも「非」が元々は左右に細かい歯の並《なら》んだ櫛の形なので、「非」を含《ふく》む文字には、左右対称《たいしょう》形に並ぶ意味の漢字が多いのです。「扉《とびら》」の「戸」はドアで、「非」を加えて左右に開く「とびら」のこと。「非」に「扌《てへん》」を加えた「排《はい》」は二人相並んでいる一方が他方を手で押《お》しのける意味の漢字です。「輩《はい》」の「車」は戦車のことで、同じ戦闘《せんとう》

集団《しゅうだん》に並んで属《ぞく》する者を「同輩《どうはい》」といい、「輩」は「ともがら・なかま」の意味となりました。「俳句《はいく》」の「俳」は二人《ふたり》並んで戯《たわむ》れ演じる人たち。現代《げんだい》の漫才《まんざい》みたいな人たちです。「俳諧《はいかい》」にも滑稽《こっけい》の意味がありますが、滑稽な動作で演じる役者が「俳」で、喜劇役者を意味する文字でした。「俳諧」には諧謔《かいぎゃく》、戯れが含《ふく》まれていますし、「俳句」「俳諧」は座《ざ》の文学です。それらのことに、「俳」の字の喜劇性《きげきせい》や複数性《ふくすうせい》が反映《はんえい》しているのでしょう。

「俳優」の「優」の「憂《ゆう》」は「頭に喪章《もしょう》をつけた人が哀《かな》しんで佇《たたず》む姿《すがた》」です。「憂」に「亻《にんべん》」を加えた「優」は喪に服して哀しむ人の姿、またその仕草《しぐさ》をまねする者のことです。葬儀のとき、死者の家人に代わって神に対して憂《うれ》え申す所作を演じた者、つまり悲劇役者のことです。「俳優」とは喜劇役者と悲劇役者を合わせた言葉なのです。

そして「悲劇」の「悲」にも「非」が含まれています。「非」に関連した文字には仮借の用法の「あらず」などの強い否定の意味から生まれた字もあります。「誹謗《ひぼう》」の「誹」は「非」に「言」を加えて「そしる」、悪口を言うことです。「非」に「心」を加えた「悲」は否定的で不安定な心情《しんじょう》から「かなしい」の意味となりました。

親《しん》族《ぞく》

新しい位牌《いはい》を拝《おが》む「親」
一族の一員を誓《ちか》う「族」

体系的《たいけい》な説明ができる文字学

新型コロナウイルスに感染《かんせん》したタレントの志村《しむら》けんさん、岡江久美子《おかえくみこ》さんが亡《な》くなる際《さい》、親族《しんぞく》が直接《ちょくせつ》会ってみとれないことが話題となりました。独りで亡くなっていくのは寂《さび》しいし、親族には深い無念の気持ちが残ったでしょう。その「親族」という漢字について紹介したいと思います。

白川静さんから漢字について学んだ時、この「親」の字を例に「文字学とは何か」ということを教えていただきました。白川さんが小学生の頃《ころ》、学校の先生が「おまえたちは学校が終わったら家にも帰らないで遊んでいるだろう。心配で木の上に立って、子供《こども》たちを見てさがしている字が『親』だ」と学んだそうです。「親」は「立」「木」「見」を合わせた文字なので「いちおう理屈《りくつ》におうとる」と白川さんは笑っていました。

でも、この説明では、よく似《に》た字形の「新」を説明できません。同じ字形を体系的《たいけい》に説明できて初めて、文字学が成り立つのです。

「新」は「立」「木」「斤《きん》」を合わせた字です。「立」は「辛《しん》」の省略《しょうりゃく》形、「辛」は取っ手のある針《はり》の形です。古代中国人は、この「辛」を入《い》れ墨《ずみ》のための針《はり》や投げ針として使いました。「はり」の意味のほかに「つらい」「からい」などの意味がありますが、これは入れ墨をするときの痛《いた》みからきた意味です。

親が死去して、位牌《いはい》を作る時にも投げ針の「辛」を投げて木を選び、「辛」が当たった木を「斤《おの》」で切りました。この儀式《ぎしき》を表す字が「新」です。新しい位牌を選ぶので「あたらしい」の意味となりました。「辛」が当たり、位牌のための神木として選ばれた木の残りは祭《まつり》の際《さい》に燃《も》やす木にも使うので「薪《しん》」が「たきぎ」「まき」の意味となったのです。

そして「親」は新しい位牌をじっと見て拝《おが》んでいる姿《すがた》です。その位牌は父母の場合が多いので、そこから「おや」の意味となりました。

このように一貫《いっかん》した考え方で関連する字を説明していくのが文字学で、面白い字説であっても関連する字を説明できなければ、単なる俗説《ぞくせつ》にすぎないのです。

さて「親族」の「族」のほうを説明しましょう。「族」の「矢」以外の字形は吹《ふ》き流《なが》しがついた旗ざおの形です。この吹き流しがついた旗ざおは自分が属《ぞく》す氏族（共通の祖先《そせん》を持つ集団《しゅうだん》）を表す印です。

その旗の下で「矢」を折る仕草《しぐさ》をし、一族の一員であることを誓《ちか》う文字が「族」なのです。

親

古代文字

族

学《がっ》校《こう》

子弟たちを教え導《みちび》く「学」
交差する木の建物の「校」

すごいスパルタ教育だった

新型コロナウイルスの感染防止策《かんせんぼうしさく》として、全国各地の小中高校などは二〇二〇年三月、一斉《いっせい》に学校が休みとなりました。その後、しばらくして授業《じゅぎょう》を再開《さいかい》した地域《ちいき》があったり、感染者の急増《きゅうぞう》による緊急事態宣言《きんきゅうじたいせんげん》で休校が続いたりしました。

このように「学校」のことが日常《にちじょう》の中で毎日話題となったのですが、その学校というもの、三千年以上前の古代中国でもあったことが「学」の漢字に残されています。

「学」の旧字《きゅうじ》「學《がく》」は「冖」（わかんむり）の上に「臼《きょく》」と「爻《こう》」を書き、下に「子」を加えた文字です。「爻」は屋根に交差した木である千木《ちぎ》のある建物の形です。旧字や古代文字で「×」を重ねた形が「爻」。「冖」は何かを上から覆《おお》う形です。「爻」と「冖」で校舎《こうしゃ》のことです。

「子」はそこで学ぶ子弟。「爻」を包む「臼」は左右の手のことで、両手で子弟たちを教え導《みちび》くことを表しています。つまり「学（學《まなぶ》）」は学校に子弟を集めて教えることを意味した文字です。

休校が続くと、教育の遅《おく》れが心配されましたが、教育の「教」にも「爻」が含《ふく》まれています。「教」の旧字形「教」の左上部の字形は現在のような「耂」ではなく「爻」の字形です。その下に「子」を加えた形が「教」です。右の「攵《ぼく》」の元の字形は「攴」で、「卜」の部分は木の枝《えだ》（または鞭《むち》）。

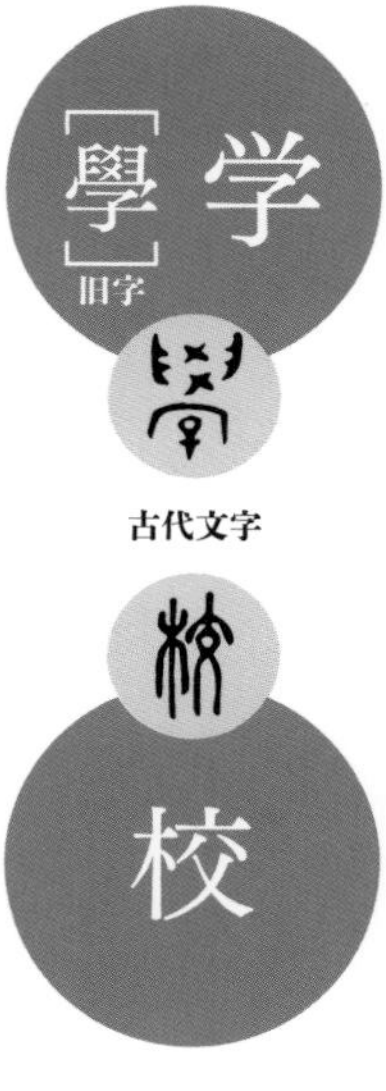

「又《また》」は手を表す字です。

「教」の旧字「敎」の左上部分の「爻」も千木のある校舎のことで、そこに集めた「子」を指導《しどう》する長老たちが木の枝《えだ》で打って、励《はげ》まし教えることを表している文字が「教」なのです。古代中国の学校はすごく厳《きび》しいスパルタ教育でした。

「学校」の「校」の「交」は足を交差して立つ人の姿《すがた》の正面形です。そこから交錯《こうさく》するものの意味となりました。足を交差させる形はよい姿勢《しせい》と考えられたようです。「交」に「木」を加えた「校」は交差する木の建物のことで、校舎の意味となりました。

「交」を含《ふく》む漢字には、足が交差することから、二つのものが相接《あいせつ》するという意味もあります。例えば「郊外《こうがい》」の「郊」。「阝」（おおざと）は「邑《ゆう》」の省略形《しょうりゃく》です。古代の「邑」は今の「村」にあたります。つまり「郊」は他の邑（村）と相接する所ゆえに「まちはずれ」となりました。

千木のある建物の形式は日本の神社建築《けんちく》に残されているように、神聖《しんせい》な建物の形式です。その神《しん》聖《せい》な建物に集められた「子」は古代中国の貴族《きぞく》の子弟たちでした。

逼《ひっ》迫《ぱく》

ふくらんだ器がくる「逼」
相《あい》拍《う》つほどにせまる「迫」

酒樽《さかだる》など横幅《よこはば》のある容器《ようき》

白川静さんの故郷《こきょう》・福井《ふくい》の「福」にも、同じ北陸の富山《とやま》の「富《ふ》」にも「畐《ふく》」の字形が含まれています。コロナウイルス感染拡大《かんせんかくだい》後、医療現場《いりょうげんば》の状況《じょうきょう》や財政《ざいせい》的な面などのことで「逼迫《ひっぱく》」の言葉も盛《さか》んに使われるようになりましたが、その「逼」にも「畐」があります。この「逼迫」の熟語《じゅくご》について説明したいと思います。

共通する「畐」は酒樽《さかだる》など、下部にふくらみのある器の形で「ふくらんだもの」「満ちたもの」の意味があります。「福」の旧《きゅう》字「福」の「示」は神へのお供《そな》えものをのせるテーブルの形です。つまり「福」は神を祭るテーブルに酒樽《さかだる》を供《そな》えて幸福を求め祈《いの》ることで「さいわい」を意味します。「富《とみ》」の「宀」（うかんむり）は先祖《せんぞ》の霊《れい》を祭る廟《びょう》（みたまや）の屋根の形で、先祖《せんぞ》の霊《れい》に酒樽《さかだる》を供《そな》えている漢字です。神への供え物《もの》が多いことで、そこから「とむ、ゆたか」の意味となりました。「幅《はば》」の「畐」にも横にふくらんだものの意味があります。「巾《きん》」は布《ぬの》（きれ）のことで、布《ぬの》の横幅《はば》を「幅《はば》」と言います。

そして「畐」に「刂《りっとう》」を加えた形が「副」です。「刂」は「刀」のことで、「畐」を「刀」で二つに分けることが「副」です。酒樽《さかだる》のようにふくらんだ容器《ようき》を二つに分け、一つを正とし、他を予《よ》備《び》の「副」とするので「副」が「ひかえ」の意味になりました。

それでは「逼迫《ひっぱく》」の「逼」について説明しましょう。「辶」（しんにゅう）は道を行くこと。道を行くとふくらんだ容器《ようき》ような大きなものの「畐」が近くに迫《せま》ってくる文字が「逼」で、そこから「せまる・おどす」の意味になるのです。

「逼迫《ひっぱく》」の「迫《はく》」は「拍《はく》」と同音の「はく」。「拍」は両手を拍《う》つことです。双方《そうほう》より迫《せま》って激《はげ》しく音を立てて拍つことで、「白」とはその拍つ音のことです。このように両手が音をたてて相拍《あいう》つほどの状態《じょうたい》にせまることを「迫」と言います。「逼《ひっ》迫《ぱく》」とは危難《きなん》が身に迫《せま》ることです。

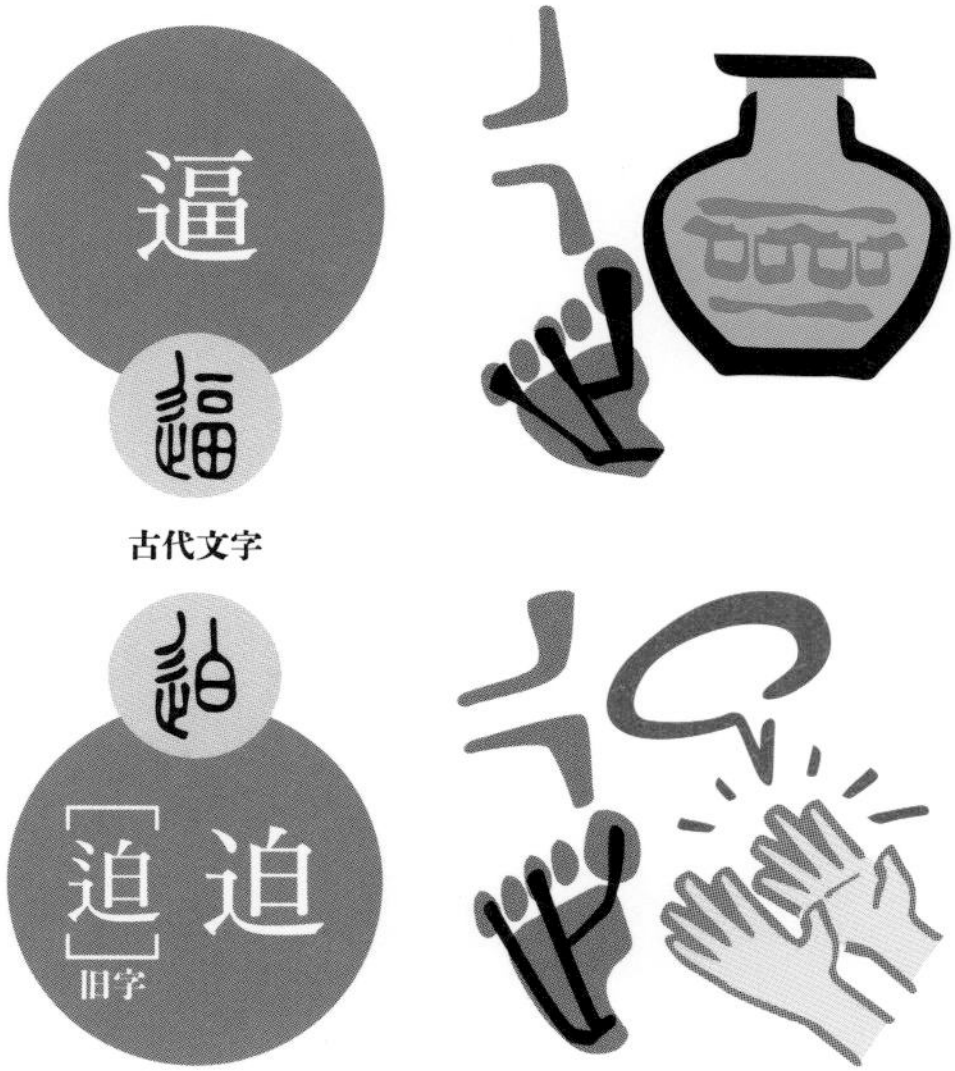

最後に、もう一つ今回の新型コロナウイルス関連で紹介《しょうかい》したい文字が「蝙蝠《へんぷく》」（こうもり）です。ウイルスの感染源《かんせんげん》としても疑《うたが》われる「蝙蝠《こうもり》」ですが、「蝠」の字の音が「福」に通じるので、中国では「こうもり」がめでたい動物として愛されていて、吉祥の文様にも用いられています。「蝙」の「扁《へん》」には扁平《へんぺい》（平たい）の意味があり、「蝠」には横に広がっている意味があります。「蝙蝠」は、こうもりの飛ぶ姿《すがた》からの名づけのようです。

救《きゅう》急《きゅう》

祟《たた》りを逃《のが》れ救われる「救」
追い付こうとはやる「急」

霊力《れいりょく》ある獣《けもの》の皮

二〇二〇年、コロナウイルスの感染《かんせん》が拡大《かくだい》する中、救急医療《きゅうきゅういりょう》の大変さが大きく注目されました。そんな中、開幕《かいまく》が延期《えんき》されていた同年のプロ野球が、約三カ月遅《おく》れながら始まりました。「救急」と「野球」。ちょっと関係が縁遠《えんどお》いようにも感じますが、「救」と「球」の両方に「求」の字が含《ふく》まれています。「救急」の熟語《じゅくご》を説明しながら、「求」で繋《つな》がる文字を紹介したいと思います。

「求」は、はぎ取った獣《けもの》の皮の形です。「求」には霊力《れいりょく》があると信じられていて、その霊力ある獣の皮で祟《たた》りを祓《はら》い、災《わざわ》いの減少《げんしょう》などを求めたので「求」が「もとめる」の意味となりました。

この霊力ある獣の皮をなめして衣にしたものが「裘《かわごろも》」。「求」は巻《ま》いて丸くできるので「丸いもの」の意味があり、「丸い玉」を「球」と言います。毛糸などを丸く固めたものが「毬《まり》」です。

そこで「救急」の「救」ですが、これは「求」に「攵《ぼく》」を加えた字です。「攵」の元の形は「攴」で、「攴」の「卜」の部分は木の枝《えだ》や鞭《むち》などの形。「又《また》」は「手」の形で、「攴」は木の枝《えだ》などを手に持って、何かを打つ文字です。

その「攵（攴）」で霊力ある獣の皮「求」を打って、「求」の霊力を刺激《しげき》し、その高まった霊力によって、祟りを逃《のが》れ救われるという字が「救」です。漢字には呪《まじな》いの字が多いのですが、「救」の字も古代ならではの呪術《じゅじゅつ》的な行為《こうい》が含まれた一つです。

そして「救急」の「急」の字について説明しましょう。「急」の上部にある「ク」に似《に》た字形は「人」を表しています。「危」の上にも「ク」がありますが、「危」の「厂《かん》」は崖《がけ》などを表していて、その崖の上から「人」が下を見ている形なので「危《あぶ》ない」のです。

「急」の「ヨ」のような字形は「手」の意味です。イラスト欄《らん》にある旧字《きゅうじ》や古代文字を見れば、「ヨ」の真ん中の横棒《よこぼう》が右に突《つ》き抜《ぬ》けている「ヨ」なので「手」であることがわかると思います。その下に「心」を加えた「急」は、前の人に追い付き、手を伸《の》ばし捕《つか》まえようとして急ぎはやる心のことです。

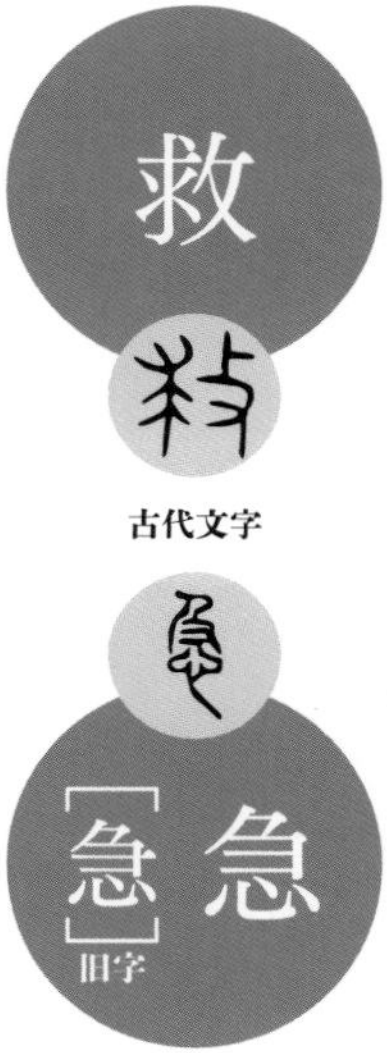

「救急」は危急《ききゅう》を救うことですが、〈祟りを逃《のが》れるように急ぎはやる心〉と考えれば、よりリアルにも感じる熟語です。

常用漢字《じょうようかんじ》では「急」の字形を「ヨ」の形に改変してしまいましたが、「ヨ」では手の形でなくなり、「前の人に追い付こうとして手を伸ばすことができなくなる」とユーモアも交えながら、戦後の漢字改革《かいかく》の間違《まちが》いを白川静さんは批判《ひはん》しています。

免《めん》疫《えき》

冑《かぶと》ぬいでまぬかれる「免」
遠く広く流行する病「疫」

邪霊《じゃれい》を遠くへ追《お》い払《はら》う

新型コロナウイルスへのワクチンを接種《せっしゅ》すると、体内の異物《いぶつ》を攻撃《こうげき》する免疫《めんえき》がウイルスの特徴《とくちょう》を記憶《きおく》し、実際《じっさい》に入ってきた際《さい》、いち早く対応《たいおう》して感染《かんせん》や重症《じゅうしょう》化を防《ふせ》ぐというのが、ワクチンの仕組みです。そこで「免疫」の漢字について紹介してみたいと思います。

「疫病《えきびょう》」「防疫《ぼうえき》」の熟語《じゅくご》にも使われる「疫」は「疒」（やまいだれ）と「殳《しゅ》」を合わせた文字。「疒」は牀《とこ》の上に人が病気で寝《ね》ている形です。「殳」は片仮名《かたかな》の「ル」に似《に》た字形と「又《また》」を合わせた形なので「るまた」と呼《よ》ばれています。「殳」は杖《つえ》ぐらいの槍《やり》に似《に》た武器《ぶき》の矛《ほこ》を持つ形で、この杖矛《つえぼこ》で悪い病気を祓《はら》いました。

「疫」の文字の成り立ちを説明する前に「殳」を含《ふく》む「投」と「役《やく》」について紹介しておきたいと思います。「殳」に「扌《てへん》」を加えたのが「投」ですが、これは杖矛の「殳」を「手」に持って邪悪《じゃあく》な霊《れい》を殴《う》ち祓《はら》い、邪霊《じゃれい》を遠くに追《お》い払《はら》う字で「すてる、なげる」の意味となったのです。

「役」は「殳」に「彳」（ぎょうにんべん）を加えた文字です。「彳」は十字路を表す「行」の左半分で「行く」ことの意味です。つまり「役」は武器《ぶき》である杖矛を持って遠く、辺境《へんきょう》に出かけて守《しゅ》備《び》につくこと。兵役《へいえき》、いくさのことです。

平安時代に東北で起きた「前九年の役《えき》」や「後三年の役《えき》」など、戦いのことを「役《えき》」と言います。後に「しごと、やく、めしつかい」の意味となりました。

そこで「免疫」の「疫」ですが、「殳」は「役」の省略《しょうりゃく》形で、それに「疒」を加えた「疫」は「遠くまで広く流行する病気」のことです。

当時、はやり病は悪い霊《れい》によって生れると考えられていて、お祓《はら》いをしました。

そして「免疫」の「免」の方について説明しましょう。

「免」には二系統《けいとう》の意味があります。一つは「冑《かぶと》を免《ぬ》ぐ」という意味。もう一つは子供《こども》を産む「分娩《ぶんべん》」の時の姿勢《しせい》に繋《つな》がる文字群《ぐん》です。

「勉強」の「勉」は「免《めん》」と農具の鋤《すき》の形である「力」を合わせた文字です。鋤《すき》（力）を使って、農耕《のうこう》に勉《つと》める作業が分娩の俛《ふ》す姿《すがた》と似《に》ているので「つとめる」意味となりました。

そして「免疫《めんえき》」の「免」は「冑《かぶと》を免《ぬ》ぐ」ことの系列《けいれつ》で「免《まぬか》れる」意味です。戦陣《せんじん》の中で礼をする際《さい》には冑をぬぐことが礼儀《れいぎ》でした。「免疫」の熟語としての意味は、はやり病を免《まぬか》れることです。

医《い》薬《やく》

矢の力で病気祓《はら》った「医」シャーマンが治療《ちりょう》の「薬」

悪霊《あくりょう》の仕業《しわざ》で起きる

緊急事態宣言《きんきゅうじたいせんげん》まで出された新型コロナウイルスによる感染症《かんせんしょう》の流行で、感染者を治療《ちりょう》する医師《いし》たちの現場《げんば》の大変さや感染症に対するワクチン開発・接種、さらに治療法や治療薬の開発や発見などが毎日のニュースとなりました。

「医薬」とは医術《いじゅつ》と薬品のことですが、その「医」と「薬」の漢字に込《こ》められた古代中国の「医薬」の姿《すがた》を紹介したいと思います。

「医」は「匸《けい》」に「矢」を入れた字です。古代中国では「矢」はとても神聖《しんせい》なもので、悪霊《あくりょう》を祓《はら》う力があると考えられていました。日本で正月の縁起物《えんぎもの》として神社で出される破魔矢《はまや》も「矢」の魔よけの風習を反映《はんえい》しています。

「匸」は隠《かく》され秘匿《ひとく》された場所のこと。「医」は隠された場所に「矢」を置《お》いて悪霊を祓う字です。古代中国では全ての病気が悪霊の仕業《しわざ》で起きると考えられていて「矢」の力で病気を祓ったのです。

その「医」の旧字《きゅうじ》「醫」は「医」の右に「殳《しゅ》」を、下に「酉《ゆう》」を加えた形。「酉」は酒樽《さかだる》の形で「酒」の元の文字です。酒には傷《きず》を清める力などがあると考えられていました。「殳」は杖《つえ》ぐらいの長さの矛《ほこ》を持つ形で、「医」と合わせた「殹《えい》」は「矢」を「殳」で殴《う》つ時のかけ声を表す文字です。「矢」

の力、「酉」（酒）の力で、悪霊がもたらす病気を祓い落とそうとしたのです。その「矢」を「エイ」というかけ声で殴つ人は「巫《みこ》」で、「医」の古い字形に「毉」もあります。

では「医薬」の「薬」はどんな字でしょう。「薬」は「艹」（くさかんむり）と「楽」を合わせた字。「楽」の旧字「樂」は「柄《え》のある手鈴《てすず》の形」で、「白」の部分が鈴です。その左右の「幺」は糸《いと》飾《かざ》り。「木」は柄です。元は舞楽《ぶがく》の時にこれを振《ふ》って神を楽しませるために用いました。

白川静さんの字書『常用字解《じょうようじかい》』には、さらに病気の時に、シャーマンがこれを振って病魔を祓ったとあります。シャーマンとは神がかりの状態《じょうたい》となって予言や病気を治すなどを行う巫女《ふじょ》のことです。今も日本の神社では巫女《みこ》さんが鈴を振って、お祓いをしています。

その「楽」に「艹」を加えた「薬」は薬草のことですが、『常用字解』の「薬」の項《こう》には「薬が文字の音を楽とするのは、古い時代にシャーマンが病気を治療することに当たったことの名ごりであろう」と書かれています。

このように「医薬」という漢字の中に、古代中国での病魔《びょうま》を祓《はら》い、治療《ちりょう》しようとした姿が残されているのです。

医 [醫] 旧字

古代文字

薬 [藥] 旧字

獲《かく》得《とく》

鳥をとることから「獲」
子安貝を手に持つ「得」

貨幣《かへい》として使われた

新型コロナウイルスへの有効《ゆうこう》なワクチンが接種されて多くの人が免疫《めんえき》を獲得《かくとく》できれば、この感染《かんせん》症《しょう》もそれほど怖いものではなくなるかもしれません。治療《ちりょう》薬の開発も待たれますが、ワクチンへの期待は高いです。そこで「免疫獲得」の「獲得」について紹介してみたいと思います。

「獲」の右の字形のうち「隻《せき》」の「隹《すい》」は「鳥」を表す字形です。「旧《きゅう》」の旧字《きゅうじ》「舊」にも「隹」が含《ふく》まれているので「ふるとり」とも呼《よ》ばれています。

「又《また》」は「手」を表す文字です。つまり「隻」は一羽の鳥を手で持っている姿《すがた》です。それゆえに「一つ」の意味になり、「隻眼《せきがん》」「隻手《せきしゅ》」の言葉も生まれました。

この「隻」の関連文字は「双《そう》」です。今の字形では関係がわかりませんが、「双」の旧字《きゅうじ》「雙」を見れば明らかで、鳥を二羽持つ字形です。そこから「二つ」の意味になりました。

「獲」の右の古い形は「隻」ですが、その「隻」が紹介したような「一つ」の意味となるのは後の時代のことで、最初は「鳥をとる」意味でした。そこから多くのものを「獲得《かくとく》」する意味となりましたが、獣《けもの》をとる場合には猟犬《りょうけん》の「犭」（けものへん）を加えて「獲」ができ、穀物《こくもつ》をとる場合には、穀類《こくるい》を表す「禾《のぎへん》」を加えた「穫《かく》」も作られて、文字が分化していったのです。

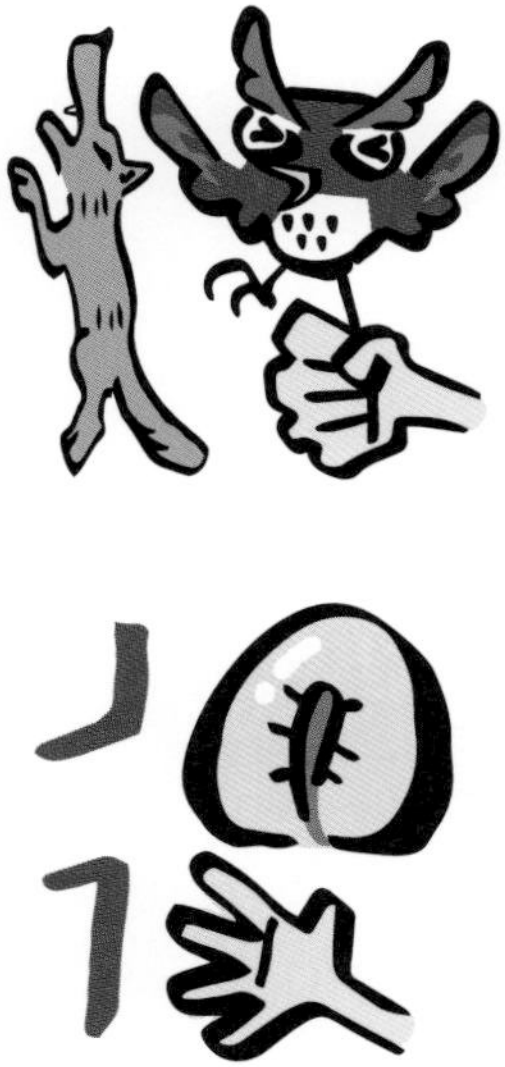

「獲得」の「得」の右下の「寸《すん》」も「又」と同じ「手」の形です。「寸」の上にある字形は古代文字の方がわかりやすいですが「貝」の形です。この「貝」は南方の海でしか入手できない貴重《きちょう》な子安貝で、貨幣《かへい》として使われることもありました。

「得」の「彳」（ぎょうにんべん）は十字路の形「行」の左半分で「行く」意味です。つまり「得」はよそに出かけて子安貝を手に入れて持つことです。そこから「える」意味となりました。

貴重な子安貝が貨幣として使われたので、お金関係の「貨」や「財《ざい》」などに「貝」の字形が含《ふく》まれています。「貨」の「化」には「変化する」ことから交換《こうかん》できるという意味が生まれ、「貨」が「ぜに」の意味となりました。「財」の「才」に「材質」の意味があって「財貨」「財宝《ざいほう》」の意となりました。「宝《たから》」の旧字《きゅうじ》「寶」にも「貝」があります。「宀」は祖先《そせん》を祭る廟《びょう》の屋根。旧字のうち「王」は玉。「缶《かん》」は土製《どせい》の酒器。「貝」は子安貝です。廟《みたまや》にそれらを供《そな》えたので「たから」の意味となりました。

財宝《ざいほう》を獲得《かくとく》しても一生は保持《ほじ》できないことも多いです。新型コロナウイルスのワクチンによって免疫《めんえき》を獲得《かくとく》できても、その免疫《めんえき》が一生続くかはわかりません。

南《なん》北《ぼく》

南方の苗族《びょうぞく》の楽器「南」
天子の背中《せなか》が向く「北」

●たった二画で「人」を表す

新型コロナウイルスの感染《かんせん》者や死亡者を伝えるニュースの中で、南北のアメリカ大陸を合わせた数がよく発表されていました。それは世界保健機関（WHO）のアメリカ地域事務局が南北のアメリカ大陸を管内担当しているからです。この新型感染症《かんせんしょう》の世界的な蔓延《まんえん》で、「南北」のアメリカ大陸をまとめてとらえる考え方に久しぶりに接する思いがしました。

その「南北」の漢字について紹介したいと思います。まず「南」から。「南」は銅鼓《どうこ》をかいた象形文字です。中国湖北省武漢《ぶかん》市で肺炎《はいえん》が相次いだ後、世界中に広がった新型感染症。「南」は「古く長江中流域《ちょうこうちゅうりゅういき》の武漢から湖南にかけて住んでいた苗族《びょうぞく》の使用した楽器」と白川静さんの字書『常用字解《じょうようじかい》』にあります。つり下げて鼓面《こめん》を打ちました。漢字の源《みなもと》である甲骨《こうこつ》文字を生み出した古代中国の殷《いん》より南方の苗族の楽器から「みなみ」を意味する字になったのです。

そして「南北」の「北」は「人」に関連した文字です。「人」は象形文字で、横から見た人の姿《すがた》です。一画目が頭と手、二画目が胴《どう》と脚《あし》です。漢字は三千三百年前に生まれた文字ですが、「人」をたった二本の線で表現《ひょうげん》する極端《きょくたん》な省略《しょうりゃく》法が高速筆記を可能《かのう》にし、二十一世紀でも使える文字として生き残りました。漢字と並《なら》ぶ象形文字として有名な古代エジプトのヒエログリフは「人」を表す時、人の輪郭線《りんかくせん》をかいて表現します。これでは高速筆記は無理でした。

　そして「南北」の「北」は、「人」と「人」が背中《せなか》合わせに並んだ形です。つまり「北」は背中を意味する文字でした。昔、中国では天子は臣下に対する時、南を向いて座《すわ》りました。この時、天子の背中が向く方向を「北」と言いました。そのうち「北」がもっぱら方角の「きた」の意味に使われるようになり、「北」に人体を表す「月」（にくづき）を加えて「背」の字が作られました。今も「敗北」の「北」に背中の意味が残っています。「敗北」は北へ逃げることではなく、敵《てき》に背を向《む》けて逃げることです。

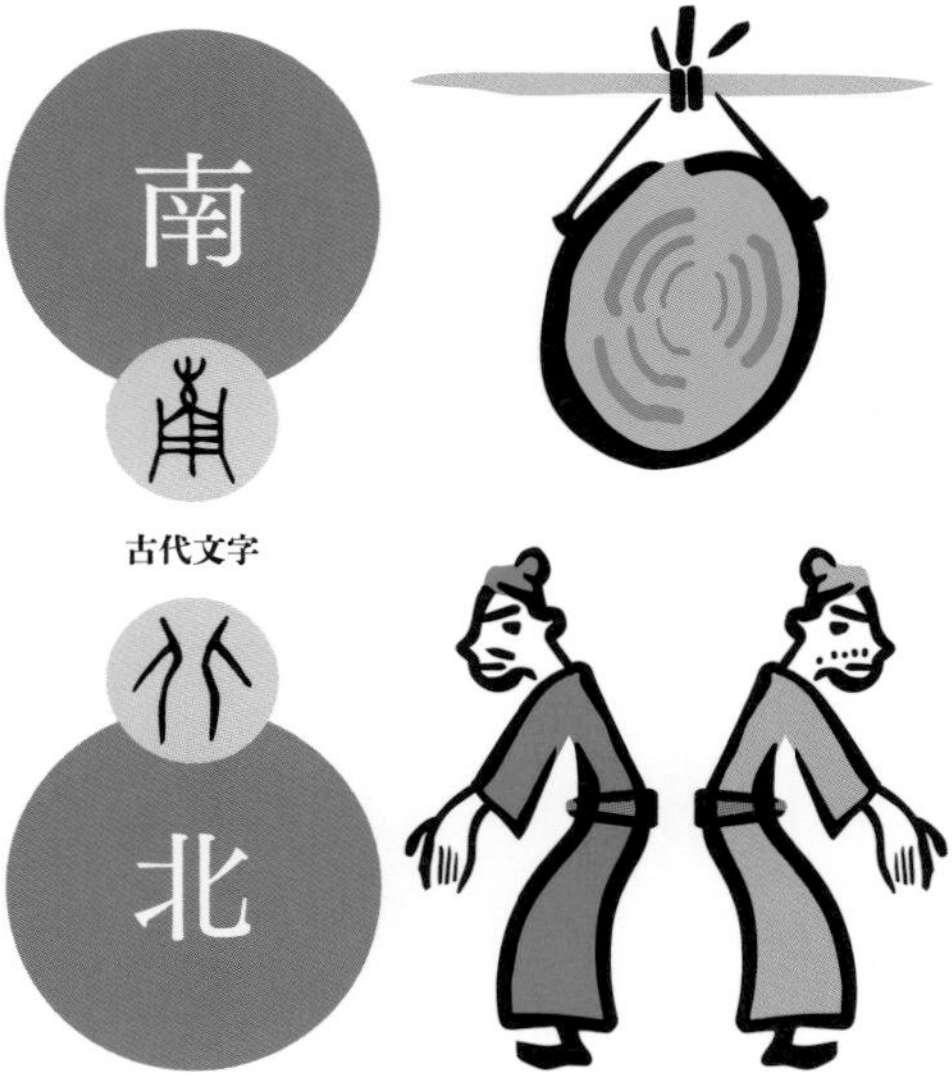

　「北」は二人背中合わせの字ですが、二人の人が右を向いて並んでいる文字が「比《ひ》」です。二人並ぶ形なので「ならぶ」の意味となり、「くらべる」の意味となりました。
　そして二人の「人」が左向きに並んでいるのが「従《じゅう》」です。旧字《きゅうじ》「從」の「从《じゅう》」の部分は二人の人が左向きに並んでいる姿《すがた》。「彳」（ぎょうにんべん）は十字路の左半分を表す字形で、「从」の下の「止」は足跡《あしあと》の形。「彳」と「止」で歩いていくことを表しています。つまり「從」は前の人に従《したが》って、人が歩く姿で「したがう」の意味なのです。

密《みっ》集《しゅう》

秘密《ひみつ》、親密《しんみつ》な儀式《ぎしき》の「密」
鳥が多く木にとまる「集」

●戈《ほこ》などの装着部《そうちゃくぶ》や火で祓《はら》う

新型コロナウイルスの感染拡大《かんせんかくだい》に対処《たいしょ》するためには「密閉《みっぺい》」「密集《みっしゅう》」「密接《みっせつ》」の「三密《さんみつ》」を避《さ》けることの大切さが言われました。そこで「密集」という漢字の成り立ちを紹介してみましょう。「集」の方が見てすぐわかるので、まず「集」から。「集」の古い正字形（イラスト欄参照《らんさんしょう》）は三つの「隹《すい》」（鳥）が木にとまる形で「あつまる」意味となりました。神の使いと考えられていた鳥の集散で、ものごとを占《うらな》う鳥占いというものが行われていました。同形を三つ集めて意味を作り出す漢字の造字法《ぞうじほう》でわかりやすい例に「森」があります。

「密《みつ》」のポイントは「必」です。日常《にちじょう》の漢字にも「必」を含《ふく》むものは多いですよ。「秘密《ひみつ》」の両字にも「必」があります。「必」は兵器である戈《ほこ》や鉞《まさかり》の頭部を柄《え》に装着《そうちゃく》する部分の形です。

元々が象形文字である漢字は形あるものを表すのは得意ですが、形のない概念《がいねん》を表すのは苦手です。こんな時には字の音だけを借りて、その意味を表します。この用法を仮借《かしゃ》と言います。「必」を「かならず」の意味で使うのは仮借の用法です。でも「必」は戈や鉞の頭部を柄に装着する部分の形なので、その意味で繫《つな》がる字も多いのです。

「秘密」の「秘」の旧字《きゅうじ》「祕」の左は「禾」ではなく「示」でした。「示」は祭りの際《さい》に神へのお供《そな》えをのせるテーブル（祭卓《さいたく》）の形で「神」に関係した文字を示しています。つまり「祕」は神様に「必」を供《そな》えて祭る儀式《ぎしき》のことです。その儀式は人に秘密で行われたので「ひそか、かくす」の意味となりました。

さて「密」は「宀」「必」「山」を合わせた漢字です。「宀」は祖先《そせん》の霊《れい》を祭る廟《びょう》の屋根です。「山」の部分は「火」の形です。つまり廟《びょう》に「戈や鉞の頭部を柄に装着する部分」を置き、「火」で祓《はら》い清《きよ》めて祖先の霊《れい》の安らかなることを厳《おごそ》かに祈るのが「密」です。

密

古代文字

集

[雧] 正字

それは秘密、親密《しんみつ》、厳密《げんみつ》に行われた儀式なので「ひそか、やすらか、こまかい」の意味となりました。「密閉」「密接」などの言葉はここからの意味です。

また「密」の古代文字には「宀」の下に「戈」そのものを二つ並《なら》べた形もあります。「親密」な儀式であることや、二人の人間が右向きに並《なら》んで相密《した》しむ姿《すがた》を表す「比《ひ》」という文字と音が近いこともあり、多くが親しみ「密集」する意味にもなったようです。

「蜜《みつ》」は養蜂《ようほう》の蜜蜂《みつばち》が巣箱に密集する文字です。

延《えん》期《き》

墓室にまでの長い道「延」
月や太陽で時を測る「期」

共通する四角形のもの

東京オリンピックも一年延期《えんき》して開催となるなど、各種催《もよお》しの延期《えんき》が続きました。コロナウイルスの時代に「延期」という言葉が多く使われていますが、この「期」に含《ふく》まれる「其《その》」で繋《つな》がる漢字の成り立ちを知ったときの目から鱗《うろこ》が落ちるような感覚が忘《わす》れられません。

「其《き》」は穀類《こくるい》をあおって殻《から》などを分け除《のぞ》く農具「箕《み》」の元の字です。竹製《たけせい》が多いので「箕」となりました。「其」の字形下部の「丌《き》」は物置台で、その上に箕が置かれている形です。農具の其（箕《み》）は四角形なので、「其」を含《ふく》む字の多くに「四角形のもの」の意味が共通してあるのです。

一番わかりやすい例は「棋」です。木製《もくせい》の四角形のもの、つまり将棋盤《しょうぎばん》の形で「将棋・碁《ご》」のことです。「棋」は古くは「碁」も意味しましたが、後に「碁」の文字が作られました。白川静さんの字書『常用字解《じょうようじかい》』によると、碁は中国では秦《しん》・前漢の時代（紀元《きげん》前三世紀〜前一世紀）のころから行われており、日本へは遣唐使《けんとうし》の吉備真備《きびのまきび》によって八世紀に伝えられました。

「旗」は四角形の軍旗をつけた旗竿《はたざお》のこと。「基《もと》」は「土」で四角形の壇《だん》を築《きず》き、建物の「基礎《きそ》」とすることです。そこから「基本《きほん》」「基準《きじゅん》」などの言葉が生まれました。

「詐欺《さぎ》」の「欺」にも「其」があります。「欺」は疫病《やくびょう》を祓《はら》う大みそかの宮中行事「鬼遣《おにや》らい」（節

分のルーツ）に関係した字です。「其」は「大きな四角い仮面《かめん》」。「欠」は口を開けて立つ人です。「四角い仮面」で悪鬼《あっき》を欺《あざむ》き驚嘆《きょうたん》させて疫病を祓ったのです。「欺」は、最初は神事で疫病を祓う行為《こうい》でしたが、人を欺く意味となりました。

「延期」の「期」は少し変わった「四角形」です。時間を一定の大きさを表す「四角形の升《ます》」で区切って測《はか》っていく字です。今の字形は「月」の巡《めぐ》りで時間を測る形ですが、イラスト欄《らん》に挙げた古代文字は「其」の上に太陽をかいて時間を測っています。

さて「延期」の「延《えん》」の文字の方です。「建」「廷」にもある「廴」（えんにょう）は儀式《ぎしき》の場所を区画する壁《かべ》の形です。「延」の「廴」以外の部分は「乏《ぼう》」と同じ字で、手足を折り曲げられた死体、あるいは、あおむけの死体の形です。「乏《とぼ》しい」の意味も死んだ体のことから生まれています。

古代中国の王の亡骸《なきがら》が入った棺《ひつぎ》を安置する墓室《ぼしつ》は地下の深い所に作られました。ゆるやかに地下の墓室にまで長く延《の》びる壁《かべ》の道があり、「延」が「のびる、のばす」の意味となったのです。白川静さんの『常用字解』に「延期」とは「決めた期限《きげん》を延《の》ばすこと」とあります。

会《かい》　合《ごう》

ごった煮《に》を作る「会」
器と蓋《ふた》が相合う「合」

人に会う意味は合の方に

新型コロナウイルスの感染拡大《かんせんかくだい》で多くの会合が延期《えんき》や中止になりました。万一の感染を警戒《けいかい》して、人びとが会って、顔を合わせることがしづらくなりました。そこで互《たが》いによく似《に》た文字である、この「会合」の成り立ちについて紹介してみたいと思います。

「会」も「合」も「あう」という意味ですが、一般《いっぱん》的には人と出あう時には「会」を、物に出あう時には「合」を使います。でも述《の》べたように「人びとが会って」いる場合でも「顔を合わせる」は「合」なのでややこしいです。しかも、白川静さんの字書『常用字解《じょうようじかい》』によると、人が会うことの意味は、われわれが日常使う「会」ではなく、「合」の方にあるようなのです。

まず「会」から紹介《しょうかい》しますと、旧字《きゅう》「會」の上部の「亼《しゅう》」は蓋《ふた》の形です。その下は食物を煮炊《にた》きする鍋《なべ》の形で、「曰」は鍋の台座《だいざ》の形です。つまり「會」は鍋に蓋をし、いろいろな食料を集めてごった煮を作る字で「あつまる、あう」の意味となったのです。

「合」の「亼」も蓋の形です。その下は神様への祈《いの》りの言葉である祝詞《のりと》を入れる器「口」（サイ）です。この器と蓋が相合うことを「合」と言い、「あう」意味となりました。

つまり「会」（會）は「ごった煮を作る方法を示《しめ》す字であるから、人が会うという意味は合の字に含《ふく》まれている」と白川さんは記しています。

　そこで「会」と「合」に関連した文字をいくつか紹介してみたいと思います。まず「絵」の字から。

「絵」の旧字《きゅうじ》は「繪」で、これは食料を集めてごった煮を作るように、いろいろな色を使って美しい色織《いろお》りを作ることを表す文字です。「絵」は元々は織物《おりもの》の文様・模様《もよう》のことでしたが、そこから「え」の意味となっていきました。

「絵」に「会」がなぜあるのかと思った人も「ごった煮」で繋《つな》がることを知れば、疑問《ぎもん》も解消《かいしょう》できるでしょう。

「合」の関連文字としては「拾」があります。器と蓋を合わせる「合」のように、とりそろえることを「拾」と言います。混乱《こんらん》した状態《じょうたい》をとりまとめることを「拾収《しゅうしゅう》」と言い、そこから「ひろう、あつめる」の意味となりました。

　最後に「答」です。「合」は器と蓋が相合うことですが、古くは「合」が「答える」の意味に使われていました。

　しかし、後に「問い」に合うように「こたえる」意味の字には「答」を用いるようになったとのことです。

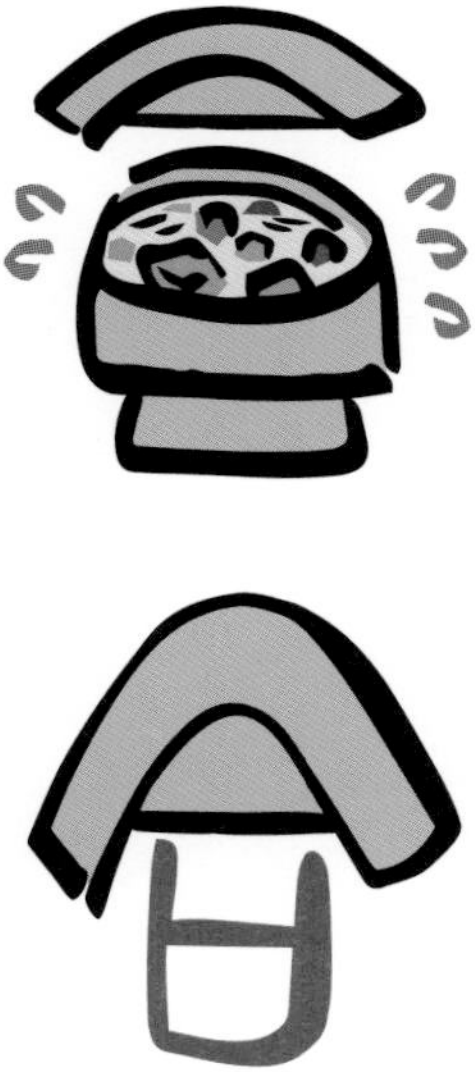

先《せん》見《けん》

人の上に足跡《あしあと》のせた「先」
人の上に目をのせた「見」

上にのせた字の意味を強調

新型コロナウイルスの襲来は当初、治療薬《ちりょうやく》やワクチンがなかったですし、感染《かんせん》の波が何回来るのかもわからず、先が見通せない世界でした。人びとは先が見えない不安の中を生きていました。逆《ぎゃく》に、先を見通すことを「先見」と言います。「先見の明」は事が起こる前にそれを見抜《みぬ》く見識《けんしき》のことです。その「先」と「見」の文字、よく見ると、字形の下部が同じですね。「先見」の二字の成り立ちの説明を通して、漢字独特《どくとく》の造字《ぞうじ》法を紹介したいと思います。

「先」と「見」は下部が「儿《じん》」という形で、これは横から見た人の姿《すがた》です。漢字はこの「儿」（人）の上にいろいろなものをのせて、上にのせた字形の意味を強調して新しい文字をつくっていきます。

「見」は「儿」の上に「目」をのせて「見る」行為《こうい》を強調した文字です。「見る」行為は単に見るのではなく「相手と内面的な交渉《こうしょう》をもつ」意味があります。「たとえば森の茂《しげ》み、川の流れを見ることは、その自然の持つ強い働きを身に移《うつ》し取る働きであった」と白川静さんは字書『常用字解《じょうようじかい》』に記しています。

「兄」の「口」の部分は顔の「くち」ではなく、神様への祈《いの》りの言葉を入れる器「口」（サイ）のことです。そして「儿」の上にのせた「口」（サイ）を強調した文字が「兄」です。神への祝いの言葉である祝詞《のりと》をささげて家の祭りをするのは長兄の役目でした。そこから「兄」が「あに」の意味になったのです。

「光」は「儿」の頭上に「火」をのせて強調した字です。「古代の人びとにとって火は神聖《しんせい》なものであったから、火を守って神に仕える人がいた。光はそのような火を扱《あつか》う聖職者《せいしょく》を示《しめ》す」と『常用字解』に書いてあります。聖職者は神に仕える人のことですが、「光」は後に火の「ひかり」そのものを意味する字になりました。

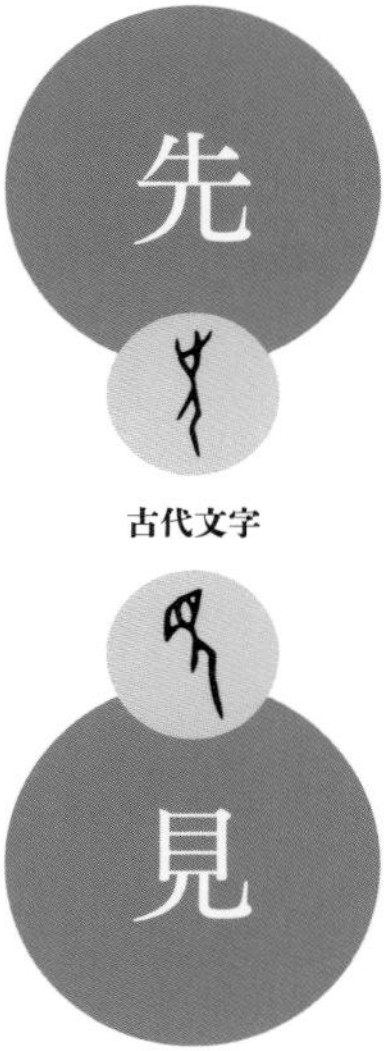

そして「先見」の「先」ですが、まずこれは古代文字を見てほしいと思います。「儿」の上にある字形は「止」の文字です。「止」は「推進」の項《こう》でも紹介しましたが、足跡《あしあと》の形、足の形で「行くこと」を表しています。

つまり「先」は「人の上に止を加えて、行くという意味を強調し、先行（他より先に行くこと。先頭を行くこと）の意味となる」と白川さんは書いています。「見」「兄」「光」「先」などの成り立ちを知ると、漢字が論理《ろんり》的に作られていることがよくわかります。

五《ご》輪《りん》

交差した二重のふた「五」
丸く一連になる車の「輪」

木簡《もっかん》などを巻《ま》いた形

開催か中止か再延期か……。揺れに揺れた東京オリンピック。このオリンピックを「五輪」と呼《よ》ぶことを発案したのは読売新聞記者だった川本信正さんでした。一九三六年（昭和十一年）に、一九四〇年（昭和十五年）の東京でのオリンピック開催《かいさい》が決まり、何とか短い表記はできないかを考えて、五大陸を表す五つの輪などから「五輪」と名づけたのです。同五輪は戦争で日本が返上してしまいましたが、「五輪」の言葉は八十年以上使われ続けています。漢語の凝縮《ぎょうしゅく》力を感じます。そこで「五」と「輪」の各文字で繋《つな》がる漢字群《ぐん》を紹介したいと思います。

まず「輪」の方から。右の「侖《りん》」は木簡《もっかん》などを丸く巻《ま》いた形です。木の札を横に並《なら》べて紐《ひも》でつづり、文字を記したのが木簡です。紐でとじた木簡を「冊《さく》」と言い、書物の原型です。木簡などを丸く巻いた形ゆえに「侖」を含《ふく》む字には一連になり丸くまとめられたものの意味があります。

つまり「輪」は丸く一連になった車のことです。「わ、くるま」の意味となり、車のわのように「めぐる、まわる」の意味にも用います。「倫《りん》」は「繫がりのある人間同士」で「なかま」の意味です。「人倫《じんりん》」（人としての道）など「みち」の意味にも使います。

コロナウイルスによる世界の変化を巡《めぐ》り、多くの文明論《ぶんめいろん》が書かれていますが、「論」とは自分の意見を順序《じゅんじょ》を追って述《の》べて議論《ぎろん》し、合意点に達してまとめようとすることです。

「五」は古代文字を見てほしいのですが、斜《なな》めに交差した木で作られた二重のふたの形です。これを数の「五」の意味に使うのは、字の音だけを借りて別な意味を表す仮借《かしゃ》の用法です。

「吾《ご》」にも「五」がありますが、これは神様への祈《いの》りの言葉を入れる器「口」（サイ）を「五」で厳重《げんじゅう》にふたをして、祈りの効果《こうか》を守る文字です。「吾」の元の意味は「まもる」でしたが、仮借《かしゃ》の用法で「われ」の意味となりました。でも「吾」を含《ふく》む漢字には「まもる」意味があるのです。

「覚悟《かくご》」の「悟」は「心」の爽《さわ》やかさや明るさを「まもる」ことから「さとる」意味となりました。

「言語」の「語」にも「吾」がありますが、白川静さんによると、「言」が神に強く迫《せま》る攻撃《こうげき》的な言葉であるのに対して、「語」には自分を守る防《ぼう》御《ぎょ》的な言葉のはたらきがあると言います。

ちなみに中国ではオリンピックのことを、今の日本の常用漢字《じょうようかんじ》で表すと「奥林匹克運動会」と記しています。漢字の母国は「オリンピック運動会」と音読みで、日本は「五輪」という漢語系の造語でも記しているのです。

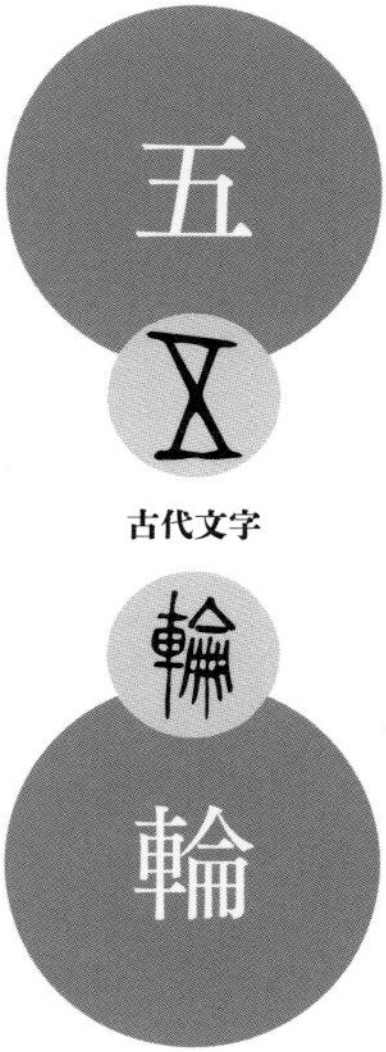

神《じん》社《じゃ》

稲妻《いなずま》が屈伸《くっしん》して走る「神」土を丸めて置いた「社」

神様に関係した文字が多い

古代中国では何事も神様に祈《いの》って決めていました。だから神に関係した漢字がとても多いのです。東京五輪・パラリンピック組織《そしき》委員会の森喜朗《もりよしろう》前会長（女性蔑視《べっし》発言で辞任《じにん》）が同大会を延期《えんき》する時に、新型コロナウイルスが収《おさ》まっているかは「神頼《かみだの》み」と述《の》べたように、現代でも解決策《かいけつさく》が見えない時には「神」に頼《たの》みます。その「神」と「社」について紹介したいと思います。

「神」の元の字は右側の「申」です。「申」は稲妻《いなずま》が空を屈折《くっせつ》しながら走る姿《すがた》をかいた象形文字。この「申」が「神」を意味する文字でした。古代で最も恐《おそ》れられたのは雷《かみなり》で、稲妻は神の顕現《けんげん》と思われていました。日本でも「雷」を「神鳴《かみな》り」と言います。

「神」の「ネ」（しめすへん）は、元は「示」と書き、「神」の旧《きゅう》字は「神」です。この「示」は神様への供物《そなえもの》をのせるテーブル（祭卓《さいたく》）の形です。そして「申」が次第に「もうす」の意味に使われていったので、祭卓の「示」を加えて「神（神）」の字が作られたのです。

でも「申」の元は稲妻が屈曲《くっきょく》して空を走る姿なので、「申」を含《ふく》む字に「屈伸《くっしん》」「伸《の》びる」の意味があります。「申」に「亻《にんべん》」を合わせた「伸《しん》」は電光が屈伸するように「人」が屈伸する姿で、後に全ての「のびる」ものを意味するようになりました。

「電光」の「電」は「雨」と「申」を合わせた文字です。「申」の下部が右に屈折《くっせつ》していますが、同じ字です。「雨」は気象現象《げんしょう》を表し、稲妻の「申」と合わせて「電光」を表しました。

「紳士《しんし》」の「紳」にも「申」があります。これは「のびる」意味の「申」です。「紳」は礼装《れいそう》の長く垂《た》れた大帯のことで、この大帯を用いる高官を「紳士」と言い、現代《げんだい》は男子の尊敬語《そんけいご》、ジェントルマンの意味に使われています。

「神社」の「社」の元の字は「土」でした。「土」は土を縦長《たてなが》のまんじゅう形に丸めて台上に置いた形で、土地の神を表します。

甲骨文字《こうこつもじ》では土の塊《かたまり》に小さな点がついた形もあります（イラスト欄参照《らんさんしょう》）。小点は酒の滴《しずく》で、土地の神に清めの酒を振《ふ》りかけて拝《おが》んだのです。甲骨文字では「土」が「社《やしろ》」の意味に使われています。

その「土」が「つち、大地」の意味に使われだし、「神」のための祭卓「示」を加えた「社（社）」が「やしろ」の意味に使われるようになりました。後に「社」を中心に集団《しゅうだん》が作られ、「結社」「会社」など、人びとの集団の意味に使われるようにもなったのです。

世《せ》界《かい》

木に新しい芽が出る「世」
田を区切り分ける「界」

薄《うす》くひらひらとしたもの

コロナウイルスの感染拡大《かんせんかくだい》で「世界」が強く繋《つな》がっていることを痛感《つうかん》しました。「言葉」の違《ちが》いを超《こ》えて、人びとが移動《いどう》し、物資《ぶっし》が輸送《ゆそう》され、深く結びついていたのです。その「世界」の「世」が「言葉」の「葉」にも含《ふく》まれています。この理由などから「世界」という漢字について紹介してみましょう。

「世」は木の分かれた枝《えだ》に芽が出ている形です。草の芽が出るのが「生」の字で、木に新しい枝《えだ》が三本伸《の》びた形が「枼《よう》」という字です。その木の枝《えだ》である「枼」の上にあるものが「葉」です。新しい芽が出ることなので「世」は「人の一生」の意味になり、人間社会を構成《こうせい》する「よのなか」の意味となったのです。

「世」「枼」「葉」はこんな関係にあるので、「枼」にも「葉」のように薄《うす》くひらひらとしたものという意味があります。

例えば「蝶《ちょう》」は「ひらひらと飛ぶ虫」のこと。「符牒《ふちょう》」の「牒」は紙が流通する前に文字を書くために使われた竹簡・木簡《もっかん》のことで「ふだ」や「書き物」の意味です。「喋《ちょう》」という字は葉っぱのように軽くぺらぺらと喋《しゃべ》ること。「浚渫《しゅんせつ》」の「渫」とは木の枝葉《えだは》で水底の泥《どろ》などをさらいとることです。

「世界」の「界」は「田」に「介《かい》」を加えた文字です。「介」は体の前後に甲《よろい》をつけて武装《ぶそう》した人の姿《すがた》で、そこから「介」には身を守り「たすける」意味と他を「へだてる」意味があります。「魚介《ぎょかい》」など貝類を「介」というのは甲の意味からです。「界」は「へだてる」意味の方の文字で、「田」を区切り分ける「さかい」の意味です。「堺《さかい》」は「界」の俗字《ぞくじ》です。

作家「芥川龍《あくたがわりゅう》之《の》介《すけ》」の名には「介」が二つ入っています。ごみを意味する「芥」は皮膚《ひふ》病を表す「疥《かい》」の字に近い内容《ないよう》で、「疥」は病床《びょうしょう》にある人の体の前後に「疥癬《かいせん》」がある姿《すがた》のこと。また「芥子《かいし》」とは「からしなの実」のことで、「芥」には「からしな」の意味もあります。小さな草から、小さな「ちり」「あくた」の意味にもなったようです。

漢字学者・白川静さんは、元々は『万葉集』の研究者でした。その『万葉集』には「万《よろず》の言《こと》の葉、つまり多くの歌を集めた集」の意味もありますが、「万世に伝えらるべき集」の意味もあるそうです。そういう意味でも「世」と「葉」は繋がりのある言葉なのでしょう。

出《しゅっ》産《さん》

足跡《あしあと》と、かかと跡の「出」
誕生時《たんじょうじ》にかく入《い》れ墨《ずみ》「産」

儀式的《ぎしき》目的で加える文身《ぶんしん》

新型コロナウイルス感染《かんせん》への心配で里帰り出産を控《ひか》えるように言われたこともありました。また同ウイルスに感染していた母親が無事出産、赤ちゃんは感染しておらず、ウイルス感染が陰性《いんせい》となった母親と一緒《いっしょ》に退院《たいいん》するなどの明るい話題もありました。

その「出産」の文字の成り立ちについて、まず「産」について説明しながら文身《ぶんしん》の文化を反映《はんえい》した字を紹介したいと思います。

文身とは入《い》れ墨《ずみ》のことで、「文」も人の正面形の胸部《きょうぶ》に「×」や「心」などの形の入れ墨を加えた文字です。針《はり》で体に墨を入れる形の入れ墨が日本では知られていますが、入れ墨には幾《いく》つかの種類があります。「文」や「産」に関係して紹介したい入れ墨は「絵身《かいしん》」というもので、朱《しゅ》や墨などで一時的に文様をかき加えるものです。絵身は誕生《たんじょう》や成人式、結婚《けっこん》、死亡《しぼう》時などの際《さい》、儀式《ぎしき》的な目的で加えられました。

「産」の旧字《きゅうじ》「產」は「文」「厂《かん》」「生」を合わせた形です。「厂」は額《ひたい》や崖《がけ》などを表す文字です。つまり、生まれたばかりの赤ちゃんの額（厂）に×などの絵身（文身）を朱や墨で一時的にかく儀式を「産」（產）と言います。

赤ちゃんに悪い霊《れい》が入《はい》り込《こ》まないように額に絵身を加えたのです。日本でも子供《こども》誕生時に額に文字を書く「アヤツコ」という儀式がありました。

昔の成人式、元服に関係する字が「彦《げん》」です。旧字「彥」は「文」「厂」「彡《さん》」を合わせた形で、「厂」は額、「彡」は美しさなどを表す記号的な字です。額に美しい文身をかいて元服の儀式をすませた男性《だんせい》が「彦《ひこ》」（彥）です。その「彦」に「頁《けつ》」を加えたのが「顔」。「彦」の旧字形「彥」に「頁」を加えたのが「顔」の旧字「顏」です。「頁」は儀式に参加している人を横から見た形で、「顔」は男性が美しい文身をして厳《おごそ》かに元服《げんぷく》の式に参加している「かお」のことです。今の「産」「彦」「顔」の形では字の根源《こんげん》である「文身」（入れ墨）の文化との関係がわかりません。

さて「出産」の「出」については古代文字を見てください。「大きな曲線」の上に「止」をかいた字形となっています。「止」はこれまでにも説明していますが足跡《あしあと》の形で、歩行する意味を表します。それに「かかとの跡《あと》」の曲線を加えて、出て行くことを意味する文字となりました。

赤ちゃんが無事、この世に出てくる姿《すがた》はいつも感動的です。

尋《じん》問《もん》

左右の手を合わせた「尋」
扉《とびら》の前に祈《いの》りを置く「問」

●……とても論理《ろんり》的にできている

新型コロナウイルス感染《かんせん》が急増《きゅうぞう》中には都道府県間の移動《いどう》が難《むずか》しくなりました。それが裁判《さいばん》の証《しょう》人尋問《にんじんもん》にも影響《えいきょう》し、当該《とうがい》裁判所と証人の居住《きょじゅう》地域《ちいき》の裁判所を映像《えいぞう》で繋《つな》ぐビデオリンクで尋問が行われたりしました。尋問を受ける者が高齢《こうれい》の場合との理由もあったでしょう。性犯罪《せいはんざい》被害者《ひがいしゃ》保護《ほご》などの目的でビデオリンクは導入され、同じ裁判所内の別室に限《かぎ》って認《みと》められていましたが、二〇一八年の改正刑事訴訟法《けいじそしょうほう》施行《せこう》で別の裁判所間でも可能《かのう》になっていました。

コロナ時代を反映《はんえい》した裁判の姿《すがた》ですが、この「尋問」の「尋」という漢字の成り立ちを知った時の驚《おどろ》きは忘《わす》れられません。「尋」は「右」と「左」を合わせた文字なのです。

「右」の「ナ」は「手」の形です。「口」は顔の「くち」でなく、神への祈《いの》りの言葉を入れる器「口」（サイ）のことです。「口」（サイ）を右手に持って神に祈るので「右」が「みぎ」の意味になりました。

この「口」が「くち」ではなく、神への祈りの言葉を入れる器「口」（サイ）であることを発見、「口」を含《ふく》む字を体系《たいけい》的に解明《かいめい》したことが白川静さんの大きな業績《ぎょうせき》です。

「左」の「ナ」も「手」の形です。「工」は呪《まじな》いの道具で、左手に「工」を持って神に祈ったので「ひだり」の意味になりました。「工」は「巫女《みこ》」の「巫《ふ》」の文字にもありますね。

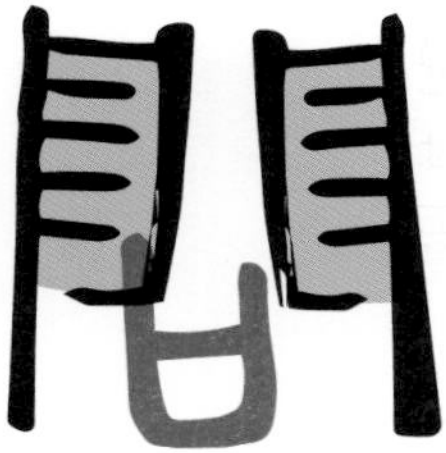

そして「尋」ですが、「尋」の旧字《きゅうじ》形（イラスト欄参照《らんさんしょう》）は「ヨ」の部分が「彗《すい》」の下部と同様に真ん中の横棒《よこぼう》が右に突《つ》き出《で》ています。この「ヨ」は「手」の形です。下の「寸《すん》」は「手」に「一」を加えた形で、手の指一本の幅《はば》を「寸」と言います。「尋」では「寸」は「手」を表しています。「尋」の古代文字には記号的な字形「彡《さん》」がついていますが、これを除《のぞ》いた部分は「ヨ」の形（手）と「口」（サイ）とで「右」のこと。「寸」（手）と「工」とで「左」のこと。つまり「尋」は「右」と「左」を縦に重ねた字です。「口」（サイ）を右手に、「工」を左手に持って神の居場所《いばしょ》を尋《たず》ねたので「たずねる」意味になったのです。漢字はとても論理《ろんり》的にできています。

両手を左右に広げて神の居場所を尋ねたので「一尋《ひとひろ》」の言葉も生まれました。一尋は成年男子が両手を広げた長さ（約一・八メートル）。「千《ち》尋《ひろ》」は一尋の千倍で大変長いことです。あるいはとても深いことです。

「尋問」の「問」の「門」は、神を祭る戸棚《とだな》の両開きの扉《とびら》のこと。この扉の前に、神様への祈りの言葉を入れる器「口」（サイ）を置いて神意を問い、お告げを求めることを「問」と言います。その後、すべてのことを「とう・たずねる」意味となりました。

印《いん》章《しょう》

指などで押《お》さえ込《こ》む「印」
美しい入《い》れ墨《ずみ》加える「章」

手を表す爪《つめ》の字が多い

在宅勤務《ざいたくきんむ》が推奨《すいしょう》されていても会社内の書類に、はんこを押《お》すために出社しなければならない人もいました。でも、この日本の印章《いんしょう》、印鑑《いんかん》文化を見直していく動きが出てきました。これは新型コロナウイルス流行で起きた少しのいい面かもしれません。

そこで「印章」という熟語《じゅくご》の漢字について紹介してみたいと思います。「印」という文字は「爪《そう》」と「卩《せつ》」を合わせた形。「爪《つめ》」は指先や手を表していて、「卩」は人が跪《ひざまず》いて座《すわ》る姿《すがた》です。古代文字をみると、跪座《きざ》する人間を上から指などで押《お》さえ込《こ》んでいる姿がわかるかと思います。

上から強く押さえる動作が印章を押す姿と重なって「はん」の意味になりました。さらに押して「しるしをつける」ことを言います。

「爪」の字形は「受」の上部にもあります。「受」の上の「爪」も手の意味です。下の「又《また》」も「学校」「救急」などの項《こう》でも説明していますが「手」の意味です。その間にある「冖」は盤《ばん》（大皿《おおざら》）の形で、盤の中に入れたものを上の手から下の手へと渡《わた》す字が「受」です。上の手（爪）から見れば「さずける」、下の手（又）から見れば「うける」で、どちらの意味にも「受」が使われていました。

でも後に分岐《ぶんき》してもう一つ「手」を表す「扌《てへん》」を加えた「授《さずける》」の文字が作られて、「受」は「うける」意味に使われるようになりました。

採用《さいよう》の「採」にも「爪」があります。右の「采《さい》」は「木」の実を手で摘《つ》み取《と》る意味で、「採」の元の字でした。「采」が取った木々の色の「彩《あや》」の意味に使われだしたので、「采《さい》」に「扌」を加えて、「とる」意味の「採」の文字が作られたのです。

「彩」の「彡《さん》」は美しさや輝《かがや》きを表す記号的な文字。「采」と合わせた「彩」は衣服の色を染《そ》めるために草木をとって染めた布《ぬの》の「あや、いろどり」の意味です。

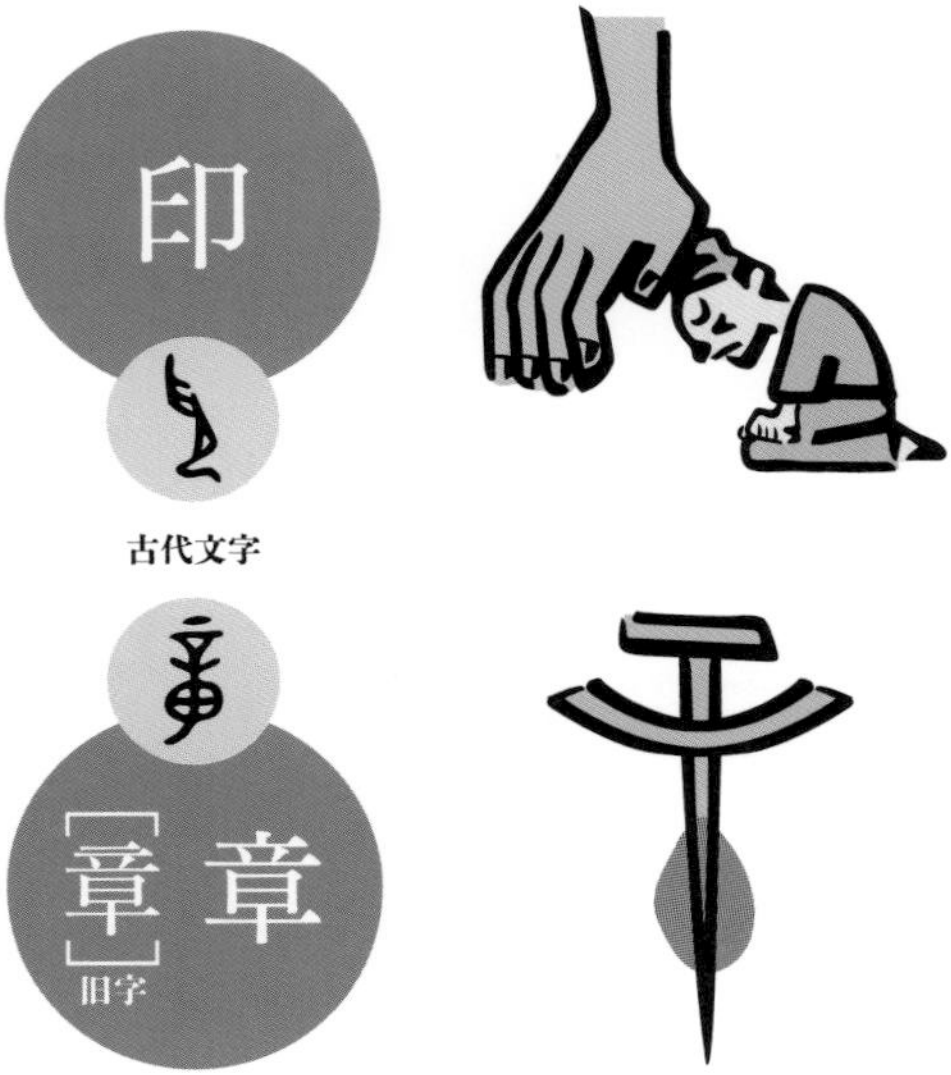

野菜の「菜」にも「采」がありますが、これは摘み取った野菜のことです。「爪」に「竹」を加えた「笊《そう》」は割《わ》った竹で編《あ》んだ「ざる」のことです。「笊《ざる》」は指先を開いた形に作るので、この文字があります。
さて「印章」の「章」の方ですが、これは「辛《しん》」の字形のまん中に「日」を加えた形です。「辛」は針《はり》で、「日」は墨《すみ》だまりの形です。その針を使い、人に美しい入《い》れ墨《ずみ》を加えたので、その美しさから「章」は「あきらか、あや」の意味となりました。入れ墨の美しさを「彰《しょう》」と言い、「あらわし、あきらか」にすることを「表彰《ひょうしょう》」と言います。

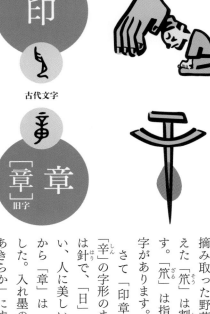

通《つう》知《ち》

滞《とどこお》ることなく抜《ぬ》ける「通」
神に誓《ちか》い、神に祈《いの》る「知」

全て、筒《つつ》形のもの

新型コロナウイルスの感染《かんせん》者と濃厚接触《のうこうせっしょく》した可能性《かのうせい》がある場合、スマートフォンに「通知」が届《とど》く接触確認《せっしょくかくにん》アプリ。実際《じっさい》に同アプリを通して「通知」を受けて感染《かんせん》が判明《はんめい》した人たちもいますが、登録数が伸《の》びないのも課題でした。同アプリの不具合も指摘されています。

その「通知」の「通」の成り立ちを知った時も漢字の体系《たいけい》的な構成《こうせい》にとても驚《おどろ》きました。基本《きほん》となるのは「甬《よう》」。「用」は木や竹を組んだ形で、柵《さく》や籠《かご》などの意味があります。「甬」の場合の「用」は木や竹でできた筒《つつ》形のもののこと。「甬」は上に引っかける部分の「マ」がついた「用」です。この「甬」を含《ふく》む漢字には全て「筒《つつ》形のもの」の意味があります。

「桶《とう》」は木製《もくせい》の筒《つつ》形のものの意味で手桶《ておけ》のこと。秦《しん》の始皇帝《しこうてい》の墓《はか》近くで、土坑《どこう》から見つかった「兵《へい》馬俑《ばよう》」の「俑」は筒《つつ》形の人形の意味です。「甬」に「虫」を加えた「蛹《よう》」は筒《つつ》形になった「虫のさなぎ」のことです。

そして「通」の「辶」（しんにゅう）は歩み進んで行くこと。つまり筒《つつ》形の容器《ようき》中を滞《とどこお》ることなく通《とお》り抜《ぬ》けることを「通」と言います。単に「とおる」だけでなく、あまねく全体にわたることを言います。「通年・通史・通算」がその用例です。

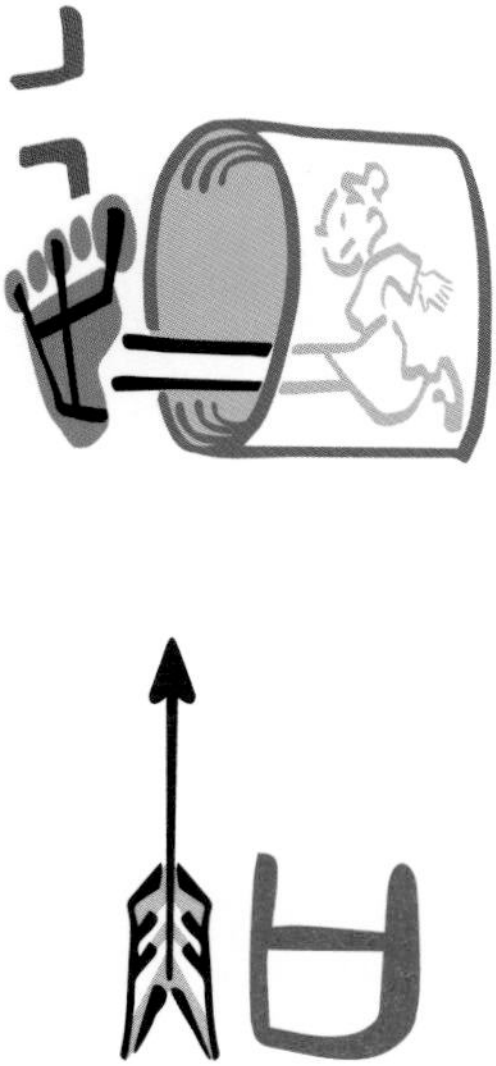

「痛《つう》」の「疒」（やまいだれ）は牀《とこ》の上に人が病気で寝《ね》ている字形で、「痛」は病気になり、激《はげ》しい痛《いた》みが筒《つつ》形の全身を通《とお》り抜《ぬ》けることを言います。〝最初から最後まで徹底的《てっていてき》に〟の意味も含《ふく》まれていて「痛飲《つういん》・痛快《つうかい》」などが、その用例です。

縦《たて》になった空洞《くうどう》空間を動く意味の漢字もあります。「踊《よう》」は「足」で「跳《と》び上がる」意味。でもダンスの意味の「おどる」は日本語の用法のようです。「涌《よう》」は縦《たて》の筒《つつ》形空間を通って水が下から上がってきて湧《わ》き出ること。この「涌」の異体《いたい》字が「湧《よう》」です。このように漢字はみな繋《つな》がっているのです。

さて「通知」の「知」です。「矢」には邪霊《じゃれい》を祓《はら》う力がありました。日本の神社での破魔矢《はまや》にもこの考えが伝わっています。その「矢」は神に誓《ちか》う際《さい》に用いるので「矢《ち》う」とも読みます。「知」の「口」は顔の「くち」ではなく、神様への祈《いの》りの言葉を入れる器「口」（サイ）です。つまり神に誓い、神に祈って、初めて「知る」ことができたのです。

「通」はあまねくわたることで「通知・通達」にはすみずみまで告げ知らせる意味があります。「通知」する接触確認アプリに不具合などがあってはいけないのです。

奔《ほん》走《そう》

たくさん走り回る「奔」
両手を振《ふ》って走る「走」

祭事の時の足早な歩きかた

島崎藤村《しまざきとうそん》の大作『夜明け前』には「奔走《ほんそう》」という言葉がしばしば出てきます。幕末維新《ばくまついしん》の激動《げきどう》の中を生きた青山半蔵《はんぞう》（藤村の父がモデル）を描《えが》いた歴史小説です。青山家は木曽馬籠《きそまごめ》宿の本陣《ほんじん》や庄屋《しょうや》などを兼《か》ねる旧家《きゅうか》。馬籠宿を営《いとな》むために街道を奔走する青山家の人たち、国学を信奉《しんぽう》して国事に奔走する半蔵の友人もいます。ペリーの黒船が来航した嘉永《かえい》六年（一八五三年）頃《ごろ》からの物語で、激動する時代の中で奔走する日本人の姿《すがた》が伝わってきます。

新型コロナウイルスの世界的な広がりという新たな激動の時代、感染防止《かんせんぼうし》に奔走する人も多く、店舗経営《てんぽけいえい》のための資金繰《しきんぐ》りに奔走する人も多いです。

前置きが長くなりましたが、その「奔走」の文字を紹介したいと思います。「奔」「走」の上部はともに「夭《よう》」という文字です。古代文字を見ると、左右の手を振《ふ》って走る人の姿《すがた》で、それが「夭」です。「走」は、その「夭」の下に「止」を加えた字。「止」は足跡《あしあと》の形で「行く、進む」を表しています。「夭」に「止」を加え、走ることを強調した字です。

これに対して「奔」は「夭」に「止」を三つ合わせた「歮《しゅう》」を加えて「はやくはしる」意味を表しています。漢字は「森」など、三つの同じ文字で「たくさん」の意味を表すことが多いです。古代文字の「奔」のほうがたくさん走り回る姿が伝わってくるでしょう。
「奔走」は物事がうまく運ぶように走り回ることですが、古代中国の人たちは、何のために「奔走」していたのでしょうか。白川静さんは中国最古の詩集『詩経《しきょう》』の言葉「駿《すみや》かに奔走《ほんそう》して廟《びょう》に在《あ》り」を字書『常用字解《じょうようじかい》』で紹介しています。廟は祖先《そせん》を祭る廟《みたまや》のことです。つまり祭事のときにすばやく行動することが「奔走」でした。

ここで「足」の字の基本形《きほんけい》「止」で繋《つな》がる字のいくつかを説明しておきたいと思います。「止」は足跡をかいた字ですが、足に力を入れて強く足跡をつけることから「とまる、とどまる」の意味になりました。

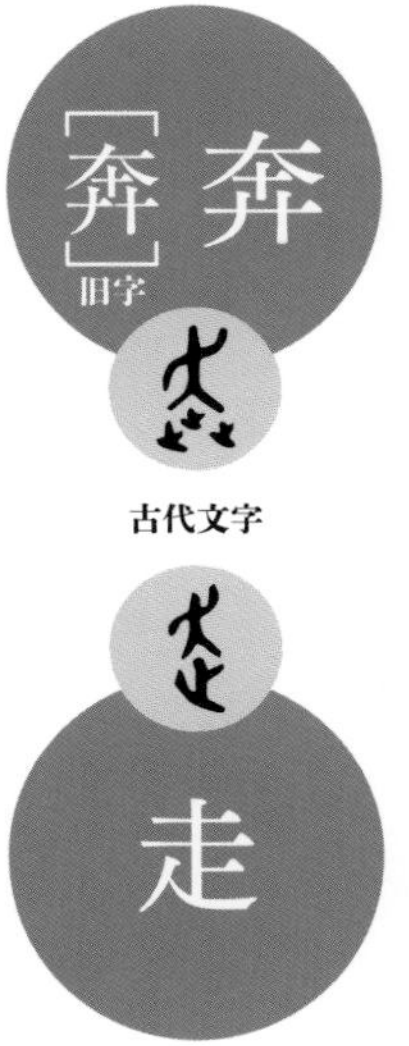

そこで新たに「足」の字ができたのです。「足」の上の「口」は顔の「くち」でも、神への祈《いの》りの言葉を入れる器「サイ」のことでもありません。膝《ひざ》の関節の皿を表しています。つまり「止」(足跡)に膝の関節「口」を加えて「足」の字を作ったのです。いまの「歩」は「止」に「少」を加えた形ですが、古代文字の「少」の部分は「止」を左右反転させた形です。つまり左右の足跡をかいて「あるく」の意味にしたのです。

決《けつ》断《だん》

堤防《ていぼう》の一部を切る「決」
織機《しょっき》の糸を切る「断」

刃物《はもの》で物を切断《せつだん》する

経営《けいえい》する店を閉店《へいてん》する人がいたり、競技《きょうぎ》生活を終えるアスリートがいたり。新型コロナウイルスの感染《かんせん》が広がる社会の中でいろいろな決断《けつだん》を迫《せま》られた人びとがいました。二〇二〇年七月の熊本《くまもと》県を中心とする豪雨《ごうう》では、河川《かせん》が一気に増水《ぞうすい》して氾濫《はんらん》しました。二〇二一年の夏も各地で大雨による河川の氾濫などがありました。そんな時の早めの避難《ひなん》を決断《けつだん》する大切さも報道《ほうどう》されました。

実は「決断」の「決」は洪水《こうずい》に関係する漢字です。右の「夬《けつ》」は古代文字を見るとわかりますが、今の字形の下部分は昔の字では「又《また》」の形で「手」のことです。「又」の上の字形は刃物《はもの》の形。特に一部分が欠けた玉器のことです。一部分が欠けた玉を鋏代《はさみ》わりに腰《こし》に着け、物を切る際《さい》、これを手にして用いました。

だから「夬」を含《ふく》む漢字には物を切断《せつだん》する意味があります。「扌《てへん》」と「夬」を合わせた「抉《けつ》」は刃物などで何かを「えぐり取る」ことです。「永訣《えいけつ》」とは永遠《えいえん》の別れのことですが、その「言《ごんべん》」と合わせた「訣」は関係が切れる時の別れの言葉、別辞です。「衤《ころもへん》」と合わせた「袂《たもと》」は着物の袖《そで》の切れた部分です。

刃物で分断《ぶんだん》することには勢《いきお》いがあって快感《かいかん》を誘《さそ》う行為《こうい》なので、その心情《しんじょう》から、「忄《りっしんべん》」（心）を加えた「快《かい》」が「こころよい」の意味となり、切断《せつだん》する勢いから快速《かいそく》の意味ともなりました。

そして、河川の氾濫、洪水を防《ふせ》ぐために堤防《ていぼう》の一部を切って、たまった「水」（氵《さんずい》）を流すことを「決」と言います。だから「決」には「きる」の意味もあります。堤防の一部を切ることは、しっかり「決断」しなくてはできないので「決」には「きめる」の意味も生まれました。

さらに「決断」の「断」も切ることに関係した漢字です。「断」の旧字《きゅうじ》「斷」の左は織機《しょっき》にかけた糸を二つに切る形です。四つの「幺《よう》」（糸）を「斤《おの》」で横に断《た》ち切っている字で、そこから「きる」意味となりました。

古代中国でも河川の氾濫を防ぐ治水は政治《せいじ》の基《き》本《ほん》でした。堯《ぎょう》・舜《しゅん》・禹《う》という中国古代の伝説上の帝王《ていおう》がいますが、堯・舜の時代に大洪水が起き、禹の父の鯀《こん》が治水のために起用されましたが失敗。息子の禹がその後を継《つ》ぎ、十三年間かけて治水に成功し、舜から国を禅譲《ぜんじょう》されて夏《か》王朝を開きました。つまり治水事業を父親から継いだのが「禹」なのですが、この「継」の旧字「繼」にも「斷」と同じ字形があります。ただし「繼」（継）は「斷」（断）とは逆《ぎゃく》に切断した糸に、さらに「糸」を加えて「つぐ」意味の文字となりました。

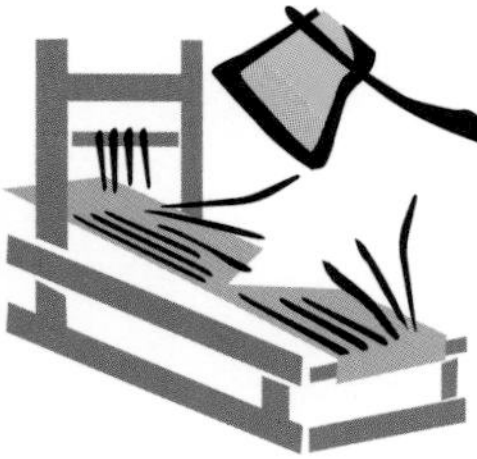

男《だん》女《じょ》

田を鋤《すき》で耕《たがや》す「男」
神前でひざまずく「女」

根拠《こんきょ》のない俗説《ぞくせつ》

新型コロナウイルスの感染《かんせん》が世界的に拡大《かくだい》していった二〇二〇年、ドイツのメルケル首相やニュージーランドのアーダン首相、台湾《たいわん》の蔡英文総統《さいえいぶんそうとう》ら女性《じょせい》リーダーの対応《たいおう》が当時注目を集めました。そこで「女」という字について紹介してみたいと思います。白川静さんの漢字学に学ぶと「女」や「婦《ふ》」の文字への見方が一変するからです。

「女」は手を前で重ねてひざまずく女性の姿《すがた》をかいた字です。それは男の前でひざまずいている女性との考えがありますが、どうも間違《まちが》いのようです。

例に挙げた古代文字の「女」の周りにある点々は酒の滴《しずく》。酒で清められた女性が、神様に仕えるときの姿です。女性がひざまずくのは男性《だんせい》の前ではなく、神の前なのです。

「安心」の「安」にも「女」があります。考えてみると、なぜ「安」に「女」が含《ふく》まれているのか、不思議とも言えますね。この「安」の「宀」は祖先《そせん》の霊《れい》を祭る廟《びょう》(みたまや)の屋根を表していて、「安」は廟の中で座《すわ》る女性の姿なのです。これは新しく嫁《とつ》いできた女性が嫁ぎ先の廟にお参りし、その家の先祖《せんぞ》の霊に自分の安泰《あんたい》を求め、認めてもらう儀式《ぎしき》をしている文字です。

古代文字の中には女性の下に短い斜線《しゃせん》がある形もあります。これは新妻《にいづま》安泰の儀式に加えられた

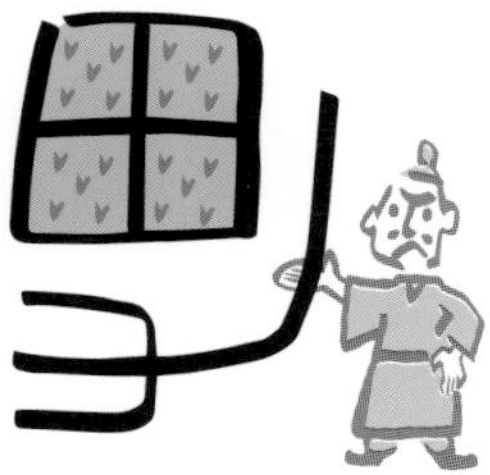

古代文字

霊力《れいりょく》ある衣です。この衣を通して、その家の先祖の霊が新妻に乗《の》り移《うつ》り、家人として認《みと》められて安らかな気持ちになるのです。そこから「やすらか」の意味も生まれました。

「婦」の右の「帚」は「ほうき」のことで、「婦」には「帚を持つ女の人が家を掃除《そうじ》する」というイメージがつきまとっています。後漢の許慎《きょしん》が紀元一〇〇年頃《ころ》に書いた有名な字書『説文解字《せつもんかいじ》』にも「婦」は「服なり。女の帚を持つに従《したが》ふ。灑掃《さいそう》するなり」とあります。「服なり」とは服従《ふくじゅう》すること。「灑掃」はごみ取りの掃除のことです。つまり服従する人、掃除をする人が「婦」だというのですが、白川さんの研究によると、これらはみな根拠《こんきょ》のない俗説《ぞくせつ》のようです。

「帚」は木の先を裂《さ》いた帚状《ほうきじょう》のものですが、これはごみ掃除の道具ではなく、酒を振《ふ》りかけて廟を祓《はら》い清める行為《こうい》に使うものです。その仕事に当たる者を「婦」と言います。

「女」の文字だけでなく、「男」について紹介すると、「男」の下の「力」は土地を耕《たがや》す農具の鋤《すき》の形です。つまり「男」は鋤《すき》で「田」を耕す意味の文字。古くは農地の管理者を「男」と言いました。

追《つい》加《か》

霊肉《れいにく》持って追撃《ついげき》する「追」
虫害防《ふせ》ぎ豊作《ほうさく》を願う「加」

自軍を守る大きな肉

新型コロナウイルス流行に対処《たいしょ》するために追加の経済《けいざい》的対策《たいさく》が行われたり、国の緊急事態宣言《きんきゅうじたいせんげん》の対象に追加の地域があったり。コロナの時代、この「追加」という言葉をよく目にしますので、「追加」の漢字の成り立ちについて紹介したいと思います。

「追」は軍事系《けい》の文字です。「追」の「𠂤《たい》」は大きな肉の形で、自軍を守る霊力《れいりょく》があると考えられて、軍隊が戦いに行く際《さい》は必ず携帯《けいたい》していました。「辶」（しんにゅう）は道を行くこと。敵《てき》を追撃《ついげき》する際《さい》にも自軍を守る肉「𠂤」を持って追いました。そこから「追」が「おう」意味となったのです。作戦上、軍が分かれて行動する際には、この肉を剣《けん》で切り、分遣隊《ぶんけんたい》にも持たせました。「師《し》」の「帀《し》」は剣の形で、軍を守る肉「𠂤」を「帀」（剣《けん》）で切る者のことを「師」と言います。大切な肉を切る権限《けんげん》は氏族の長老の仕事で、「師」が「せんせい」の意味にもなりました。

「帰」の旧字《きゅうじ》「歸」の左にも軍を守る肉の形「𠂤」があります。その下の「止」は足跡《あしあと》の形で、足を進めること。「帚《そう》」は祖先《そせん》の霊《れい》を祭る廟《びょう》（みたまや）を、酒をかけた帚《ほうき》で清める姿《すがた》です。

つまり「帰」（歸）とは無事帰還《きかん》した軍隊が酒で清められた廟《びょう》に、自軍を守ってくれた霊力ある肉を供《そな》えて帰還の報告《ほうこく》をする儀式《ぎしき》のことです。「帰」は軍が帰ることでしたが、後にすべてのものが帰る意味となりました。

「官」「館」なども軍を守る肉「𠂤」を含む字です。「宀」は建物の屋根で、その下に霊力ある肉を安置する文字が「官」。安置する責任者《せきにん》の将官《しょうかん》のことから官僚《かんりょう》の意味になりました。将軍たちが生活する建物に自軍を守る肉である「𠂤」の霊を迎《むか》え、食事もしたので「官」に「食」を加えて「館」という漢字ができたのです。

「追加」の「加」のほうは農業系の文字で、「力」の部分は農具の鋤《すき》の形です。「口」は顔の「くち」ではなく、神様への祈《いの》りの言葉を入れる器「口」(サイ)です。虫害を防《ふせ》ぐために鋤(力)に祈りの言葉を加えている文字で「くわえる」の意味となりました。
農耕《のうこう》社会の古代中国では虫害を防ぎ、豊作《ほうさく》を願う儀式が多くありました。生産を高める力があると考えられた子安貝を「加」に加えたのが「賀《か》」です。「加」に太鼓《たいこ》の音を加え、害虫が付かぬように願ったのが「嘉《か》」です。「賀」「嘉」に「いわう」「よい」の意味があります。
古代中国では軍事と農業が大切だったことが「追加」の文字からもよくわかります。

経《けい》緯《い》

縦糸を張《は》った「経」
杼《ひ》を左右に動かす「緯」

布《ぬの》を織《お》る際《さい》の縦糸《たていと》と横糸《よこいと》

日本社会はなんとなく察し合う場合が多く、海外からみるとわかりにくい面もあります。新型コロナウイルス感染拡大《かんせんかくだい》で最初の緊急事態宣言《きんきゅうじたいせんげん》発令の時にも、都市封鎖《としふうさ》をせず外出自粛要請《じしゅくようせい》にとどめたことは海外からはわかりにくかったようで、発令までの「経緯《けいい》」や措置内容《そちないよう》について海外メディア向けの説明会を外務省《がいむしょう》で開いたりしました。

その「経緯」の文字について紹介したいと思います。この「経《けい》」と「緯《い》」は織物《おりもの》を織《お》る際《さい》の縦糸《たていと》と横糸《よこいと》のことです。「経」の旧字《きゅうじ》「經」の「巠《けい》」は織機《しょっき》に縦糸をかけ渡《わた》し、下部に「工」形の横木をつけて糸を縦に張《は》った形です。布《ぬの》を織る時には縦糸を張り、この間を杼《ひ》という道具で横糸を通して、それらを交錯《こうさく》させていきます。縦糸の方が織りの基本《きほん》なので「経」は「経営《けいえい》」などの意味にも使いますし、儒教《じゅきょう》の基本的書物を「経書《けいしょ》」と呼《よ》んだりします。

このため縦糸を張った「巠」を含《ふく》む字には「垂直《すいちょく》」「直線」の意味があるのです。草の「茎《くき》」の旧字《きゅうじ》「莖」や人間の頭部を支《ささ》える「頸《くび》」にある「巠」は下部が上部を垂直的に支える意味です。「径」の旧字「徑」も直線的な近道である「こみち」のことです。

「軽」の旧字「輕」の「巠」は直線的なものから「軽くて速い」意味となり、「軽」（輕）が軽くて速い「車」のことから、すべての軽いものを表すようになりました。

「緯」も成り立ちを知れば「横糸」であることがよく理解《りかい》できます。「緯」の「韋《い》」の古代文字の「囗」の部分は城郭《じょうかく》の形です。その上は「止」(足跡《あしあと》の形)が左向きに倒《たお》れた形で、左へ歩く字形。逆《ぎゃく》に「囗」の下は「止」が右へ倒れた形で右へ歩く形です。

このため「韋」を含《ふく》む字には左右に動く意味があるのです。「防衛《ぼうえい》」の「衛」は城郭の周囲を兵士が左右に動いて都市を衛《まも》る文字です。「違」の「辶」(しんにゅう)は道を行く意味。左右に行ったり来たりして、歩む方向が違《ちが》うので「ちがう、たがう」の意味となりました。

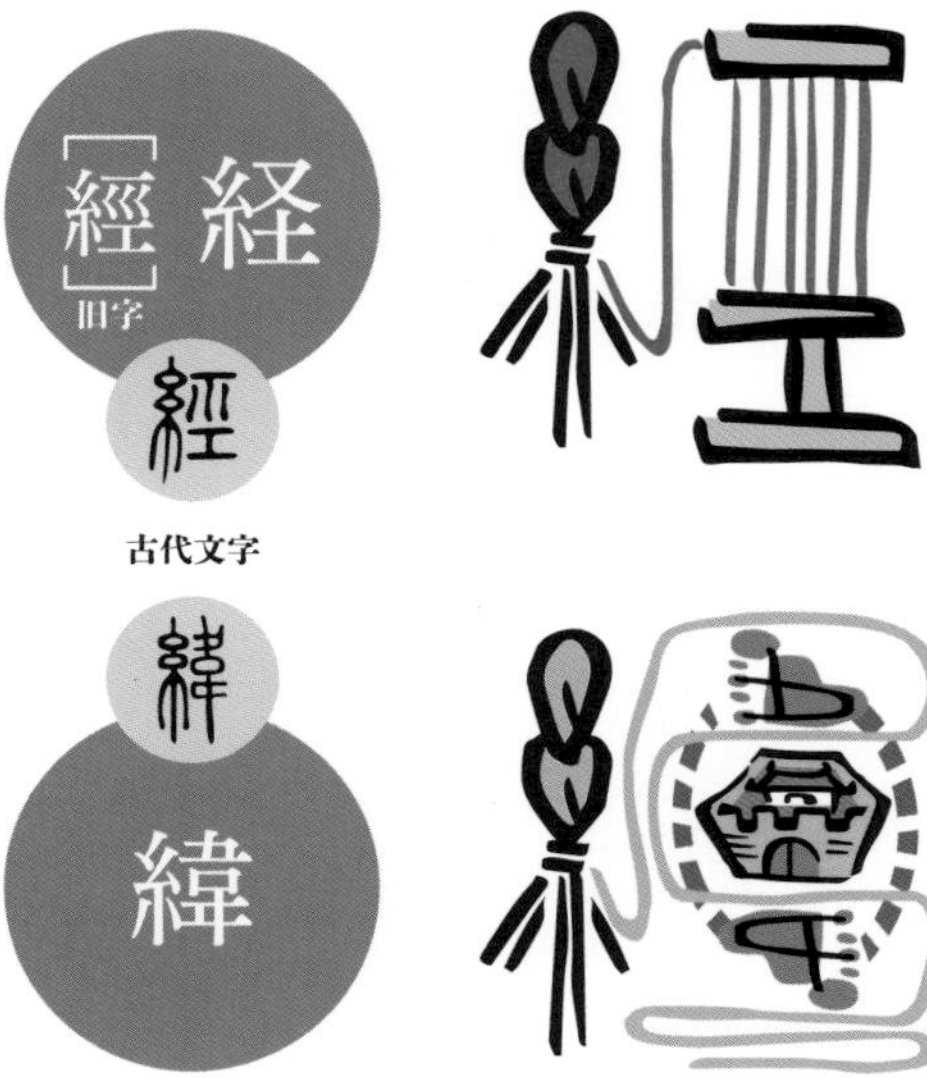

「囲」の旧字「圍」は城《しろ》を攻《せ》める側から見た文字です。防衛《ぼうえい》された都市をさらに取り囲(圍)むのが「韋」の外側の「囗」で、そこから「かこむ」意味になりました。

衛兵《えいへい》が城郭の周囲を左に行き、右に行く姿《すがた》が、杼を左右に動かして横糸を操《あやつ》る姿に似《に》ているので「緯」ができ、「よこいと」の意味となったのです。この二字熟語《じゅくご》の成り立ちの「経緯」はそのようなことです。

罰《ばっ》則《そく》

神への誓《ちか》い破棄《はき》する「罰」鼎《かなえ》に刻《きざ》む重要な契約《けいやく》「則」

様子から将来《しょうらい》をおしはかる

新型コロナウイルスの感染拡大《かんせんかくだい》で緊急事態宣言《きんきゅうじたいせんげん》が出されましたが、外国のような強制《きょうせい》力のある都市封鎖《ふうさ》（ロックダウン）や当初は違反《いはん》者への罰則《ばっそく》もある決まりではありませんでした。それで感染拡大《かんせんかくだい》が抑《おさ》えられるのかが議論《ぎろん》になりましたが、日本は住民に外出しないよう協力を求めるなどの自粛要請《じしゅくようせい》で対応《たいおう》してきました。今後、罰則もある都市封鎖が法制化される場合もあり得ますが、この「罰則」という熟語《じゅくご》の字の成り立ちについて紹介してみたいと思います。

「罰則」の「罰」は「罵詈雑言《ばりぞうごん》」の言葉にある「詈」と「刂《りっとう》」を合わせた文字です。「詈」の上の「罒」の部分の元は「网」の字形で網《あみ》のことです。神に誓約《せいやく》する言葉である「言」に上から網をかぶせて、神への誓《ちか》いを無効《むこう》にすることから「ののしる」の意味になりました。さらに「刂」（刀）を加え、神への誓いの言葉を破棄《はき》して無効にすることを「罰」と言います。神にうそを言うことへの「とがめ」のことで、「罰」とは「天罰」が元の意味です。後に犯罪《はんざい》者への刑罰《けいばつ》の意味となりました。

「罰則」の「則」も「刂」を含《ふく》んでいますが、左の「貝」は古代文字などを見ると、「鼎《かなえ》」の形となっています。「鼎」の側面に「刀（刂）」で銘文《めいぶん》を刻《こく》している文字です。

古代では重要な契約事項《けいやくじこう》は鼎に刻《きざ》んで記録し、保存《ほぞん》しました。鼎に刻まれたことは守るべき規則《きそく》なので、「則」が「のり、おきて」の意味となりました。「すなわち」の意味にも用います。

「鼎」に円い「円鼎《えんてい》」と四角い「方鼎《ほうてい》」があるのですが、「則」は「円鼎」に刻まれた銘文を言います。

「則」は「円鼎」の側面に契約を刻むことなので、「則」を含む字には、その意味を反映《はんえい》したものが多いのです。「則」に「亻《にんべん》」を加えた「側」は「円鼎」の左右の側面のことを「人」のことに及ぼして「かたわら、そば、わき」の意味となりました。さらに「片側《かたがわ》」のように「物の一方」の意味にも用います。

「則」には円鼎に刻まれた約束や規則に合っているかを考えて「はかる」意味があります。「則」に「氵《さんずい》」を加えた「測《そく》」は水の深さをはかることです。そこから水以外のことにも意味を広げ、すべての「はかる」意味となりました。

「観測《かんそく》」は自然や物事の様子をみて、将来《しょうらい》をおしはかることです。新型コロナウイルスの感染拡大はどのようになっていくのでしょうか。初めて体験する新型のウイルス感染ゆえに、その将来《しょうらい》を「予測《よそく》」「推測《すいそく》」することはたいへん難《むずか》しいですね。

自《じ》粛《しゅく》

鼻を描《えが》いた象形文字「自」
コンパスと筆で描《えが》く「粛」

指さして自分のことを言う

新型コロナウイルス感染拡大《かんせんかくだい》で、外出自粛《じしゅく》が求められたり、会合を自粛したりで、「自粛」が時代の言葉となりました。その「自粛」の各漢字の成り立ちを紹介してみたいと思います。

白川静さんの字書『常用字解《じょうようじかい》』によると、「自粛」とは「自分から進んで行動をつつしむこと」です。われわれが「自分」のことをいう際《さい》、自らの鼻を指《ゆび》さして述《の》べることが多いです。「鼻」の文字にも「自」がありますが、この「自」は鼻をかいた象形文字です。鼻を指でさして自分のことを言うので「おのれ、みずから」の意味となりました。

そして「自」が「自分」の意味に使われだしたので鼻息の字の音である「畀《ひ》」を「自」に加えた「鼻」の字が作られました。その鼻息の「息」にも「自」があります。これは「心」の状態《じょうたい》が呼吸《こきゅう》に出ることを表す文字です。なげきため息をつく「嘆息《たんそく》」などがその例です。さらに「いき」から「いきる、ふえる」意味となり「生息」「利息」の言葉も生まれました。

「臭《におい》」は旧字《きゅうじ》「臭」のように、元は「自」と「犬」を合わせた文字でした。鼻が敏感《びんかん》な「犬」と「自」(鼻)を合わせて「におい」を意味したのですが、戦後の漢字改革《かいかく》の中で「犬」を「大」としてしまいました。「大」は「手を広げて立つ人間の正面形」で、これでは字の成り立ちがわかりません。「犬」

と「人」（大）との区別がわからぬ人たちによる漢字改革だったのです。

二〇一〇年、においの感覚「嗅覚《きゅうかく》」の「嗅」が常用漢字に入りました。こちらは「犬」の字形がそのまま加わったので、今はにおいを嗅《か》ぐ「嗅」は「犬」、においの「臭《きゅう》」は「大」と、同系《どうけい》の文字が異《こと》なった字形で常用漢字に同居《どうきょ》しています。奇妙なことですね。

そして「自粛」の「粛」も大変印象深い文字です。古代文字の「粛」の下の「X」の四つの先が丸く曲がったような字形はぶんまわし（コンパス）のことです。その上は「聿《いつ》」という字形で「筆」のこと。つまりコンパスで輪郭《りんかく》を描《えが》き、筆で仕上げて文様を仕上げることを「粛」と言うのです。「刺繡《ししゅう》」など細密《さいみつ》な文様を縫《ぬ》い取《と》りした織物《おりもの》を「繡」と言います。

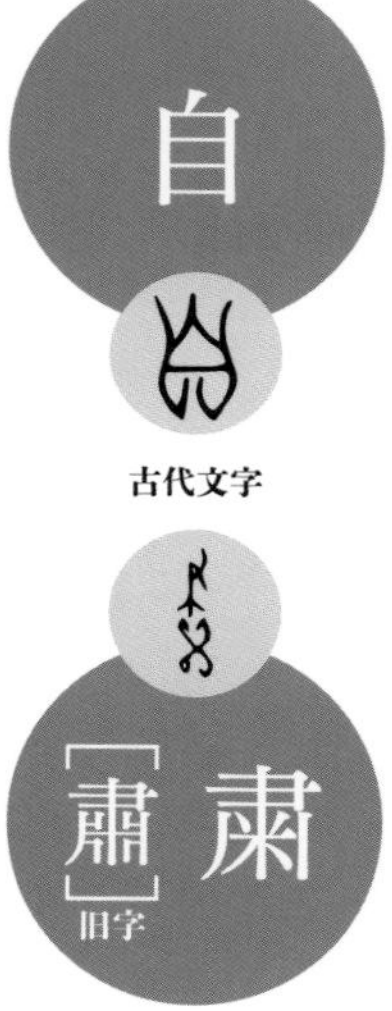

ものに文様を加えて、おごそかに飾《かざ》ることが、そのものを聖《せい》なるものにする方法と考えられて、「粛」が「つつしむ」などの意味となったようです。
ちなみに「鼻」「華（花）」「端」は日本語では、みな「はな」と読みます。「はな」は先端《せんたん》にあって目立つものを表す日本語です。
漢字では別な言葉に感じますが、日本語では同じ言葉です。

都《と》市《し》

外郭《がいかく》囲まれた大集落「都」
市が開かれる標識《ひょうしき》「市」

周りに垣根《かきね》をつくる

「ロックダウン（都市封鎖《ふうさ》）」という言葉を日常《にちじょう》で聞いたのも新型コロナウイルス感染拡大《かんせんかくだい》の時代になってからでした。その「都市封鎖」の「都市」という熟語《じゅくご》の成り立ちを紹介してみたいと思います。「都」は「者」と「阝《おおざと》」を合わせた字ですが、まず「者」から説明しましょう。

白川静さんの漢字学の功績《こうせき》として挙げられるのは「口」の字形が顔の「くち」ではなく、神様への祈《いの》りの言葉を入れる器「口」（サイ）であることを発見したことです。「者」の下部の「曰《えつ》」は、その器「口」（サイ）に祈りの言葉が入っている状態《じょうたい》です。「口」の中に「一」（祈りの言葉）が入った字形が「曰」です。

「者」の上部は交差した木の枝《えだ》で、それが「器」の上にのせてあります。旧字《きゅうじ》体「者」は「曰」の上に「丶」がありますが、その「丶」は「土」のことです。つまり神様への祈りの言葉が入った器の上に木の枝《えだ》を重ね、土をかけて埋《う》め、さらに土を盛《も》って垣根《かきね》をつくる字が「者」です。

この「者」は「堵《かき》」の元の文字でした。集落の周りに「堵」（垣根）をつくって安心することを「安堵《あんど》」と言います。「者」を「もの」の意味に用いるのは、文字の音を借りて別な意味を表す仮借《かしゃ》という用法です。でも「者」は元々は「堵」（垣根）を表す文字なので、「者」（者）を含《ふく》む多くの

文字が「かきね」の意味で繋《つな》がっています。

邪悪《じゃあく》なものが入って来ないよう、集落の周囲の各所に神への祈りの「言葉」が入った「者」をたくさん埋《う》めた文字が「諸《しょ》」で「もろもろ」の意味となりました。それでも、その境界《きょうかい》線をまたいで越《こ》えてくる人がいます。それを表す漢字が「奢《しゃ》」です。「大」は左右の手を広げた人間の姿《すがた》を表す文字です。平気で垣根を越えてくるので「奢」が「おごる」意味となりました。

「都」の「阝」は「邑《ゆう》」の省略《しょうりゃく》形です。「邑」の上部の「口」は神への祈りの言葉を入れる器でも、顔の「くち」でもなく、城《しろ》の外郭《がいかく》の形です。「巴《ともえ》」は人がひざまずいて座《すわ》る姿で「邑」は城中《じょうちゅう》に人がいる形の文字です。

城郭《じょうかく》と、祈りの言葉を埋《う》めた土塁《どるい》の垣根に囲まれた大集落が「都」で、「みやこ」の意味となりました。つまり「都」という文字自体が「封鎖」された「都市」の意味を含んでいるのです。

「都市」の「市」は「市《いち》」の立つ場所を示《しめ》すために立てた標識《ひょうしき》の形です。市が開かれる所には多くの人びとが密集《みっしゅう》するので、高い標識を立て、監督《かんとく》の者も派遣《はけん》されました。

禍《か》中《ちゅう》

残骨《ざんこつ》の悪い霊《れい》を祓《はら》う「禍」
全軍を統率《とうそつ》する旗の「中」

まるくぼみ、渦《うず》を巻《ま》く

「禍中《かちゅう》」の言葉はなく「渦中《かちゅう》」が正しい表記です。でも新型コロナウイルス感染拡大《かんせんかくだい》にともない〝コロナ禍《か》の渦中〟〝コロナ禍の中〟などの言葉が縮《ちぢ》まり「禍中」の表記も散見されるようになりました。新聞、テレビでは「禍中」はそれほど見られませんが、ネット社会ではかなり用いられています。コロナウイルスの「渦《うず》の中」よりは「禍《わざわい》の中」のほうが合うという理由もあるのでしょう。漢語は凝縮《ぎょうしゅく》力に富《と》んでいるので、「禍中」という言葉が生まれても不思議ではありません。その「禍」と「渦」の文字の成り立ちについて説明しましょう。

基本《きほん》は「冎《か》」で、これは死んだ人の上半身の残骨《ざんこつ》です。「骨《ほね》」の字は、この「冎」に「月」（肉づき）を加えた漢字です。つまり肉の付いた骨のことから「ほね」の意味となったのです。「咼《か》」は「冎」に神様への祈《いの》りの言葉を入れる器「口」（サイ）を加えた字形。これは死者の残骨である「冎」が禍《わざわい》を起こさぬように祈りをささげて祓《はら》っている文字です。その死者の上半身の肋《ろっ》骨《こつ》の残骨はまるくくぼんで、渦《うず》を巻《ま》いているような形をしているので、「咼」を含《ふく》む文字には、まるくくぼんだ意味、渦を巻いた意味の漢字がたくさんあります。

「氵《さんずい》」を加えた「渦《うず》」はまさにその文字です。「金」を加えた「鍋《なべ》」はまるくくぼんだ器のことで

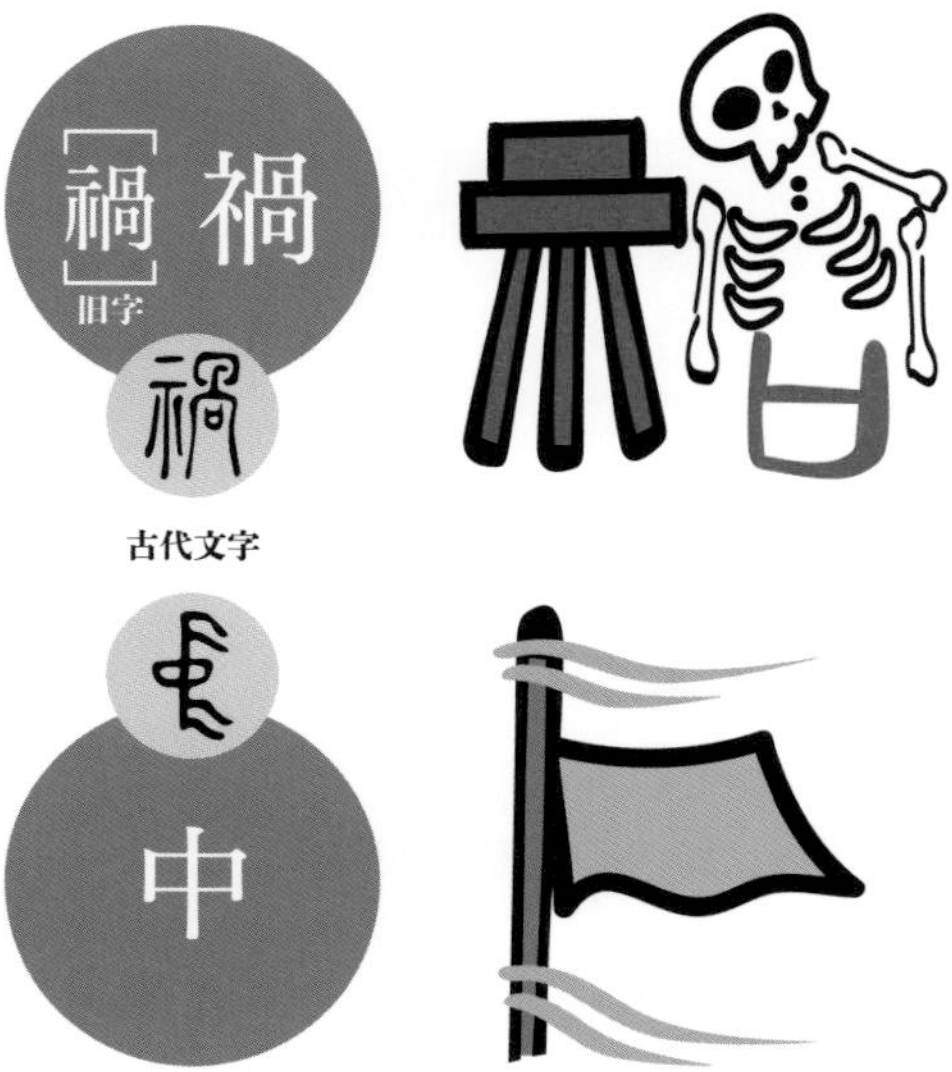

すし、「虫」を加えた「蝸《か》」は渦状の虫で、「かたつむり」のことです。「禍」の旧字《きゅうじ》「禍」の「示」は神様を祭る際《さい》に使われるテーブルの形です。残骨の死者の悪い霊《れい》による禍《わざわい》を祓《はら》うため、神に祈《いの》る儀式《ぎしき》をすることで、そこから「わざわい」の意味となりました。「過《か》」の「辶」（しんにゅう）は歩いていくことを示《しめ》します。ある重要な場所を通過《つうか》する際《さい》に禍を祓う儀式をしたようです。そこから「すぎる」意味が生まれました。

「禍中」「渦中」の「中」は旗ざおの形です。古代文字を見ると、旗ざおの上と下に吹《ふ》き流《なが》しがついています。古代中国の殷《いん》王朝の軍隊は左軍中軍右軍の三軍編成《へんせい》で、この吹き流しのついた旗は中軍の旗です。中軍の将《しょう》は元帥《げんすい》として全軍を統率《とうそつ》しました。そこから「中」が「なか、まんなか」の意味となったのです。

明治期も新時代に対応《たいおう》するために多くの新漢語が生まれました。例えば「理想」は「ideal」の翻訳《ほんやく》語として、西周《にしあまね》がつくりました。「禍中」という熟語《じゅくご》、果たして新漢語として広く迎《むか》え入《い》れられるでしょうか。

明《めい》暗《あん》

窓《まど》から差しこむ月光「明」
日の無いことを表す「暗」

夜かすかな音で神が答える

新型コロナウイルス感染拡大《かんせんかくだい》で暮《く》らしが一変しました。もちろんマイナスの面が多いですが、在宅勤務《ざいたくきんむ》やステイホームの影響《えいきょう》でパソコン、ゲームなどの業績《ぎょうせき》はよく、人が密《みつ》になる飲食業の仕事、移動《いどう》に関係する鉄道・航空の仕事は打撃《だげき》を受けるなど、業界で「明暗」が分かれました。

そこで「明暗」の字について紹介してみたいと思います。まず「暗」からです。

「暗」に「音」の字がありますが、その理由を説明しましょう。「音」は「言」の下の「口」が「曰《えつ》」となった文字です。「言」は神様への祈《いの》りの言葉を入れる器「口」(サイ)の上に入《い》れ墨《ずみ》用の針《はり》である「辛《しん》」を置き、もし自分の言葉に偽《いつわ》りがあれば入れ墨の刑《けい》を受けることを神に誓《ちか》い、祈る言葉を意味する文字です。

その祈りの言葉に神様が反応《はんのう》して、夜、静かな時間に、祈りの言葉を入れた器の「口」(サイ)の中でかすかな音を立てることで神が答えるのです。その答えが「音」の「曰」の部分。「口」の中の横線「一」が神からの答えの音なのです。

それを表す文字が「闇《やみ》」です。「闇」の「門」は神棚《かみだな》の両開きの扉《とびら》。そこに「口」(サイ)を置き、誓いの針である「辛」を置いて祈ると、神がかすかな音で答えます。その時は夜で、暗闇《くらやみ》の中で神様の意思は示《しめ》されるので「闇」が「やみ、くらい」の意味となりました。

「暗」は元々は「闇」と同じ字です。神のあらわれを表す「闇」が明暗の対比をいう字に使われだして「音」に「日」を加えた「暗」ができました。「暗」は「日」の光の無いことを表す字です。

そして「意」の字にも「音」の字形が含《ふく》まれています。暗闇の中、神の訪《おとず》れの「かすかな音」が聞こえます。その「音」の「心」を「おしはかる」字が「意」なのです。日本語でも神の「おとずれ・おとない」は「音」と関係しています。この「意」に、さらに「心」を表す「忄」（りっしんべん）を加えた「憶《おく》」は示された神様の意思を心のうちに推測《すいそく》することです。「おもう」意味があります。また、おそるおそる推測することを「臆《おく》」と言います。

「明暗」の「明」の成り立ちも驚《おどろ》きです。「日」（太陽）と「月」の光を合わせたから「あかるい」のかと思っていましたが、古代文字を見ると「囧《けい》」と「月」を合わせた形です。囧は窓の形です。古代の中国北部の黄土《こうど》地帯では半地下式の家が多く、半地下の住居《じゅうきょ》の中央に掘《ほ》った庭をもうけ、庭をめぐる各部屋に窓を作りました。「明」とはその窓から差しこむ月明かりのことでした。

消《しょう》毒《どく》

水が引いて消《き》える「消」 厚化粧《あつげしょう》な女性《じょせい》の「毒」

末端《まったん》にある小さなもの

新型コロナウイルスの時代、最も変わったことの一つは各所に消毒液《しょうどくえき》が置いてあることでしょう。外出時には日に何度も消毒することもあります。そこで、この「消毒」の文字について紹介してみたいと思います。

「消毒」の「消」の基本形《きほんけい》は「肖《しょう》」です。「肖」の旧字《きゅうじ》は「小」と「月」を合わせた形（イラスト欄参照《らんさんしょう》）。その「肖」を説明する前に「小」の字について紹介しましょう。「小」は小さなものが散乱《さんらん》した姿《すがた》です。この小さいものは貝か、宝石《ほうせき》の玉《ぎょく》です。「小」と音も意味も近い「少」は「小」に一本の糸「ノ」を加えた字。つまり「少」は小さな貝や玉を糸で連ねた形です。

そして「小」に「月」（肉づき）を加えた「肖」の原義《げんぎ》は「小さな肉の連なり」のことです。白川静さんは字書『常用字解《じょうようじかい》』で、後漢の許慎《きょしん》の有名な字書『説文解字《せつもんかいじ》』に「骨肉《こつにく》相似《に》るなり。～其《そ》の先（先人）に似《に》ず。故《ゆえ》に不肖《ふしょう》と曰《い》ふなり」とあることを紹介して、「骨肉」（肉親）は似ているので「肖」に「にる」意味があることを書いています。「その先に似《に》ず」とは親《おや》や師《し》に似ていないこと。「肖像《しょうぞう》」は似すがたのことです。「不肖《ふしょう》」は親や師に似ず愚《おろ》かなことです。

さて、その「肖」の原義《げんぎ》が「小さな肉の連なり」なので、「肖」を含《ふく》む多くの文字には「末端《まったん》で、小さなもの」の意味があるのです。
「梢《こずえ》」は木の末端の小さいものです。「屑《くず》」は末端の小さいもの、細かいものです。元気のないことを「悄然《しょうぜん》」と言いますが、この「悄」は「心の末端の小さいもの」の意味で、心が弱り、憂《うれ》え、しおれることです。「削除《さくじょ》」の「削」は刀を表す「刂《りっとう》」を加える形で、骨《ほね》についた小さな肉を刀で削《けず》り取ることです。そして「消」は「末端の小さい水」。つまり水が引いて消えることです。そこからすべての「きえる」意味となりました。

消

[消]旧字

古代文字

毒

「消毒」の「毒」について説明しますと、「毒」の「母」の部分は乳房《ちぶさ》のある姿で「女性《じょせい》」の意味。上部は「十」と「二」を合わせたような形ですが、これらは簪《かんざし》などの髪飾《かみかざ》りのことです。つまり「毒」は祭事に奉仕《ほうし》する際《さい》に髪飾りをいっぱいつけた女性のことで、髪飾りをつけすぎて厚化粧となった女性の姿が毒々しいので「どく」の意味となりました。毒薬・毒草の意は字の音だけを借りて別な意味を表す仮借《かしゃ》という用法のようです。

コロナの時代、毒々しい厚化粧ははやりません。それも「毒が消える」のだから、「消毒」ということでしょうか。

在《ざい》宅《たく》

小さな鉞《まさかり》の刃《は》で守る「在」
草の葉で神に占った「宅」

神の力で神聖《しんせい》な場所となる

新型コロナウイルスの感染拡大《かんせんかくだい》がワクチンによって克服《こくふく》されて、収《おさ》まったとしても、オンラインによる在宅勤務《ざいたくきんむ》という仕事の形態《けいたい》はどこかに残るのではないでしょうか。そこで「在宅《ざいたく》」について紹介してみたいと思います。

「在宅」の「在」は「才」と「土」を合わせた文字です。今の文字の形は「才」と「土」ですが、古代文字を見れば「土」の部分は「士」です。

「才」は目印となる木に横木を渡《わた》し、その十字形の部分に神への祈《いの》りの言葉を入れた器「サイ」をかけた形です。今の字形とは左右逆《ぎゃく》ですが、「在」の古代文字の右側が「才」で、交差した木にふくらんで付けられている部分が神への祈りの言葉を入れた器です。この目印の木のある場所が神の力で神聖《しんせい》な場所となるのです。それが「才」です。「才」の下に置かれる「士」は小さな鉞《まさかり》の刃《は》です。神聖な場所を小さな鉞の刃の力で守るのが「在」です。古代文字の左側が「士」で、鉞の刃を下に向けて置きました。神聖な場所として「ある」のが「在」の元の意味です。

「在《ざい》」とよく似《に》た漢字の「存《そん》」は「才」に「子」を加えた字形です。神への祈《いの》りの器がついた目印の木によって聖化《せいか》された場所に「子」を置いて、その「子」の生存《せいぞん》が保障《ほしょう》されていることを表す文字です。そこから「ある、いきる」などの意味となりました。「存在《そんざい》」とは清められたものとしてあることでした。「在」の「士」の小さな鉞は、戦士階級である「士」の身分を示《しめ》す儀礼《ぎれい》的な道具としての鉞です。これに対して大きな鉞を表す文字が「王」です。王位を示す儀礼用の道具として玉座《ぎょくざ》（王の座《すわ》る席）の前に置かれました。つまり「王」と「士」は鉞の大小の差です。

そして「士」の系列《けいれつ》文字に「仕」があります。これは戦士階級として王につかえる「人」を表す文字です。そこから全ての上の人に「仕える」意味となりました。

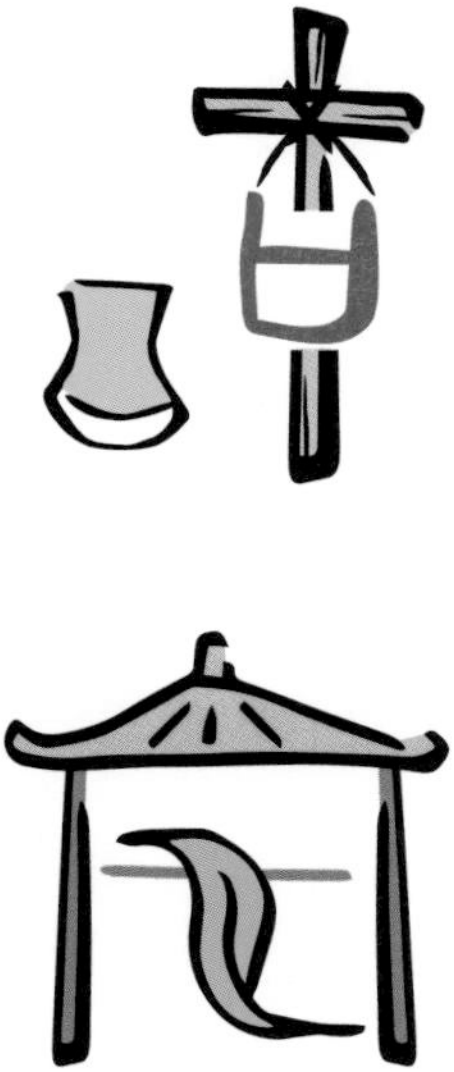

「在宅」の「宅」の「乇《たく》」は伸《の》びた草の葉の先端《せんたん》がものに寄《よ》りかかる形ですが、白川静さんによると「草の葉による占《うらな》いの方法を示《しめ》す字」だそうです。「託《たく》」は草の葉で占って、神託《しんたく》（神のお告げ）を受けることから「よせる、たのむ、まかせる」の意味となりました。「宅」の「宀」（うかんむり）は建物の屋根の形で、建物を建てる時、神意をきいた文字のようです。

つまり「在宅」はいずれも神に祈り、神意をきく文字。在宅勤務の際《さい》、家にお清めをしてから臨《のぞ》むべきかもしれませんね。せめて家を清潔《せいけつ》にすることから、始めたいと思います。

勤《きん》務《む》

飢饉《ききん》防《ふせ》ぐための農耕《のうこう》「勤」
矛《ほこ》と木の枝《えだ》で迫《せま》る「務」

土地を耕《たがや》す鋤《すき》の字形が多い

テレワークが推奨《すいしょう》され、在宅勤務《ざいたくきんむ》で働く人が増《ふ》えました。子供《こども》との接触《せっしょく》が増《ふ》えてうれしい、家で勤務《きんむ》中にパソコンに子供《こども》が触《さわ》りたがるので苦労しているなど影響《えいきょう》はいろいろのようです。どんな形態《けいたい》でも楽な仕事はないと思いますが、その字の成り立ちを知れば「勤務」が楽なものではないことが納得《なっとく》できます。

まず「勤」「務」の両字にある「力」に注目してください。この「力」は土地を耕《たがや》す農具の「鋤《すき》」の象形文字です。鋤《すき》で土地を耕すには「ちから」が必要なので「力」が「ちから」の意味となりました。「男」は「田」を「力」(鋤《すき》)で耕作《こうさく》すること。それが農作業する「おとこ」の意味になったのです。でも元々の「男」は農作業の管理者を意味していました。領地《りょうち》を支配《しはい》する諸侯《しょこう》の称号《しょうごう》に公爵《こうしゃく》、侯爵《こうしゃく》、伯爵《はくしゃく》、子爵《ししゃく》、男爵《だんしゃく》の五段階《だんかい》があり、中では最下位の称号の男爵は農作業の管理者に与《あた》えられるものでした。

古代中国が農業国家であったために「力」を含《ふく》む漢字は大変多いです。「努力」の「努」もその例。上部の「奴《ど》」の「又《また》」は手を表す形で、「女」を「手」で捕《つか》まえて奴隷《どれい》にすることが「奴」です。意味に「めしつかい、しもべ、やっこ」があります。それに「力」(鋤)を加えて、農奴《のうど》が農耕に努める漢字が「努」です。
そこで「勤務」の「勤」ですが、旧字《きゅうじ》「勤」の左側は日照り続きで、雨を降《ふ》らすために巫《みこ》が自分の体を燃《も》やして祈《いの》り、降雨《こうう》を願う姿《すがた》です。神への祈《いの》りの言葉を入れた器「口」（サイ）を頭上にのせた巫祝《ふしゅく》が両手を縛《しば》られて、火で焼かれるのです。怖《こわ》い字ですが、日照りと飢饉《ききん》を表す字の一つです。「飢饉」の「饉」にも同じ字形があります。それに「力」を加えた「勤」は飢饉にならないように農耕に励《はげ》み努力することです。そこから「つとめる」の意味となりました。

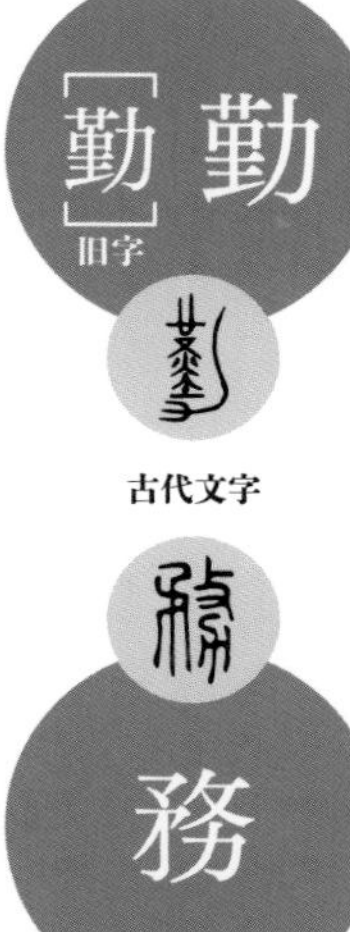

「勤務」の「務」は「矛《ほこ》」「攵《ぼく》」「力」を合わせた字です。「攵」は「攴」と同字で、「攴」の「卜」は「木の枝《えだ》（または鞭《むち》）」、「又《また》」は手の形。つまり「攵（攴）」は何かの道具を持って人に迫《せま》ることです。それと「矛」「力」（鋤）を合わせた「務」は武器である「矛」と「木の枝（鞭）」を持って人に迫り、農耕の仕事に「つとめ」させる意味です。

「勉励《べんれい》」「労働」などには、みな「力」が入っていますが（ただし「働」は日本製《にほんせい》文字）、これらは農具の鋤に繋《つな》がる文字です。「勤務」が楽ではないのは、古代中国も現代《げんだい》も変わらないことのようです。

内《ない》心《しん》

家屋の入り口の形「内」
心臓《しんぞう》の形をかいた「心」

精神作用《せいしんさよう》が凝《こ》り固《かた》まって

シンガー・ソングライターの星野源《ほしのげん》さんの楽曲「うちで踊ろう」が新型コロナウイルス感染拡大《かんせんかくだい》の中で話題となりました。二〇二〇年四月、星野さんがギターの弾《ひ》き語《がた》りを動画で披露《ひろう》すると、多くの人がコラボして大ブームとなりました。安倍晋三《あべしんぞう》首相（当時）も星野さんが歌う画面の横で、自宅《じたく》で愛犬と戯《たわむ》れくつろぐ姿《すがた》をツイッターに投稿《とうこう》しましたが、これは庶民《しょみん》の感覚とのズレを指摘《してき》されてしまいました。

そして星野さんによると、この「うちで踊ろう」の「うち」は「家《うち》」のことだけでなく「心の内」を込《こ》めた題なのだそうです。「心の内側で踊《おど》ろう、心が躍《おど》る」意味と言います。

そこで「内心」という漢字の成り立ちと、日本語の「うち」と「こころ」について紹介したいと思います。

「内」は大きな木を組み、上に屋根のある建物の入り口の形をかいた象形文字です。入り口から入った「うち、なか」の意味に用います。屋根のない入り口の文字が「入」で、これも象形文字です。室の入り口の形で、ここから入るので「はいる」意味になりました。

「内」と「入」の関連字を紹介しますと、「糸」と「内」を合わせた「納《のう》」は織物《おりもの》を税《ぜい》として納入《のうにゅう》するのが元の意味。「込《こむ》」は日本製《にほんせい》漢字で一定の場所につめこんでいっぱいになることです。

「内心」の「心」も象形文字で、強い筋肉《きんにく》が凝《こ》り固《かた》まった心臓《しんぞう》の形です。古くは心臓が生命の根源《こんげん》であり、思考する場所と考えられていました。そこから「こころ」の意味になったのです。

「心」の関連字である「志」を紹介しましょう。「志」の「士《し》」の部分は元は「之《し》」の字形です。「之」は足跡《あしあと》の形で「行く」意味。つまり「志《こころざし》」とは心がある方向を目指して行くことです。

日本語についても説明すると、「うち」「つち」（土）「をろち（おろち）」（大蛇）などの「ち」は「霊《ち》」で、「うち」とは外からは見えない、中に隠《かく》れているものを言う日本語です。

「氏《うぢ》」は古代の血族集団《けつぞくしゅうだん》の成員が他の集団と区別して名のる名前のことです。「うぢ（うじ）」とは「一つの神のうちに関係する人」の意味で「うぢ」「うち」は同語源《どうごげん》なのです。

「こころ」は「凝《こ》り固《かた》まる」の「こる」と同語源で「凝《こ》るところ」としての心臓の意味。漢字の「心」と同様に、精神《せいしん》作用が凝り固まっているところが「こころ」と思われていました。関連語の一つは「こころみる」。ある行為《こうい》によって相手の「心を見る」のが「試みる」です。日本語の繋《つな》がりも面白いです。

奮《ふん》起《き》

鳥を衣中にとどめる「奮」
蛇《へび》が頭もたげて進む「起」

人の霊《れい》が鳥の形で飛び立つ

新型コロナウイルスの感染拡大《かんせんかくだい》がそれほど深刻《しんこく》でない時には人々の「奮起《ふんき》」を促《うなが》すという言葉も使われていましたが、コロナ時代を耐《た》え忍《しの》ぶ状況《じょうきょう》となり、「奮起」の熟語《じゅくご》もあまり見掛《みか》けなくなりました。コロナ禍《か》でも開催《かいさい》されるスポーツの記事などでは時々目にすることもありますが。

でも「奮起」の「奮」の成り立ちは実に興味深《きょうみぶか》いものですので、それを紹介してみたいと思います。「奮」と似《に》た字に「奪《だつ》」があります。「奪」に「隹《すい》」(鳥)が含《ふく》まれているように、この二字は鳥に関係しています。古代の中国人は、空を自由に飛ぶ鳥と人間の霊魂《れいこん》の姿《すがた》とを重ね合わせて考えていました。人が死ぬと、その人の霊が鳥の形となり、飛び立っていくと考えていたのです。「奮」と「奪」は、この「鳥形霊《とりがたれい》」に関係した文字です。

現在《げんざい》の「奮」は「大」と「隹」の下に「田」を加えた形。でも「奮」の古代文字を見ると「大」は「衣」の省略《しょうりゃく》形です。「田」は鳥の脚《あし》をとどめておく器(道具)です。つまり「衣」の中に「隹」(鳥)を入れ、鳥の脚に「田」形の器をはめ、鳥を衣の中に捕《と》らえておく形の文字が「奮」です。その鳥が逃《に》げだそうとして「ふるう、はげむ」の意味となりました。

「田」の代わりに「寸《すん》」(手の形)を加えたのが「奪」で、「衣」の中から脱出《だっしゅつ》しようとする「隹」

を手で捕らえようとしている姿です。そこから「奪」は「とる、うばう、うしなう」の意味となりました。

「奮」「奪」の「衣」は死者の「衣」で、「隹」は死者の霊を象徴《しょうちょう》する鳥形霊です。その鳥を衣の中にとどめることで、死者の霊がそこにとどまると考えられていたことが、両字の姿からわかるのです。

それでも、鳥（霊）はとどめる力を退《しりぞ》けて飛び立ちます。その鳥が奮《ふる》い飛び立つ字が「奮」です。死者の霊魂が飛び立っていく姿《すがた》を表している漢字です。

「奮起」の「起」も大変面白いですよ。「走」と「己《き》」を合わせた字が「起」ですが、「起」の旧《きゅう》字《じ》体では「己《き》」が「巳《み》」になっています。「巳《み》」は蛇《へび》の形で、「起」は蛇《へび》が頭をもたげて走り進む意味の文字です。その蛇の姿が人が立ち上がり、何かことを始めるときの姿勢《しせい》に似《に》ているので「起」には「たつ、おきる、ことをはじめる」などの意味があります。

つまり「奮起」の二字はいずれも動物に関係した文字です。

脱《だつ》税《ぜい》

神が乗《の》り移《うつ》り身心脱落《だつらく》「脱」
穀類《こくるい》の一部を抜《ぬ》き出す「税」

神気がただよい神が降臨《こうりん》

新型コロナウイルス対策《たいさく》の持続化給付金を詐取《さしゅ》する事件《じけん》がありました。いけないことですが、迅《じん》速対応《そくたいおう》のために手続きを簡素《かんそ》化すれば不正対策が難《むずか》しいそうです。国の予算の基本《きほん》である税金《ぜいきん》を使う支援《しえん》事業ですから不正があってはなりません。税金《ぜいきん》を巡《めぐ》る不正受給以前の犯罪《はんざい》は「脱税《だつぜい》」という行為《こうい》です。もちろん悪いことですが、この「脱税」の二字の成り立ちはたいへん興味深《きょうみぶか》いものです。

「脱税」の旧字《きゅうじ》体の両字の右側は「兌《だ》」という字形。これは「兄」の上に「八」をかいた文字です。「兄」の「口」の部分は顔の「くち」ではなく、神様への祈《いの》りの言葉を入れる器「口」（サイ）のこと。人を横から見た形である「儿《じん》」の上に「口」（サイ）をのせた文字が「兄」です。神への祝いの言葉をささげて家の祭りをするのは長兄の役目で、「あに」の意味になりました。

この祈りに対して神が降《お》りてきて、「口」（サイ）の上に神気がただよっているさまが「八」の部分です。その神気が乗《の》り移《うつ》って身心脱落《だつらく》した状態《じょうたい》となっている「身心」の「身」が脱落した状態を表す字が「脱」です。「月」は「肉づき」で身体を表しています。そして「身心」の「心」がうっとりと脱落している状態が「悦《えつ》」です。

「税」の説明の前に「蛻《ぜい》」について紹介したいです。「蛻」は蛇《へび》や蟬《せみ》が脱皮《だっぴ》した後の外皮、ぬけがらのことです。「兌」は神の降臨《こうりん》で身心脱落し、その人の中身がすっかり引き出されてエクスタシー状態になった姿《すがた》です。「蛻《ぬけがら》」は「虫」が脱皮して中身が抜《ぬ》き出《だ》される意味の文字です。「税」の右側も中身を引き出す意味の「兌」で、「税」とは収穫《しゅうかく》した米や粟《あわ》などの「禾《か》」（穀類《こくるい》）から一部を引き出して納《おさ》めさせることです。つまり、収穫の中身を抜き出して納めさせるのが「税」、それをさらに脱《だっ》して、「税《ぜい》」の中身を不正に抜き出してしまうのが「脱税」です。「脱税」は「抜き出しっこ」みたいな二字熟語《じゅくご》です。

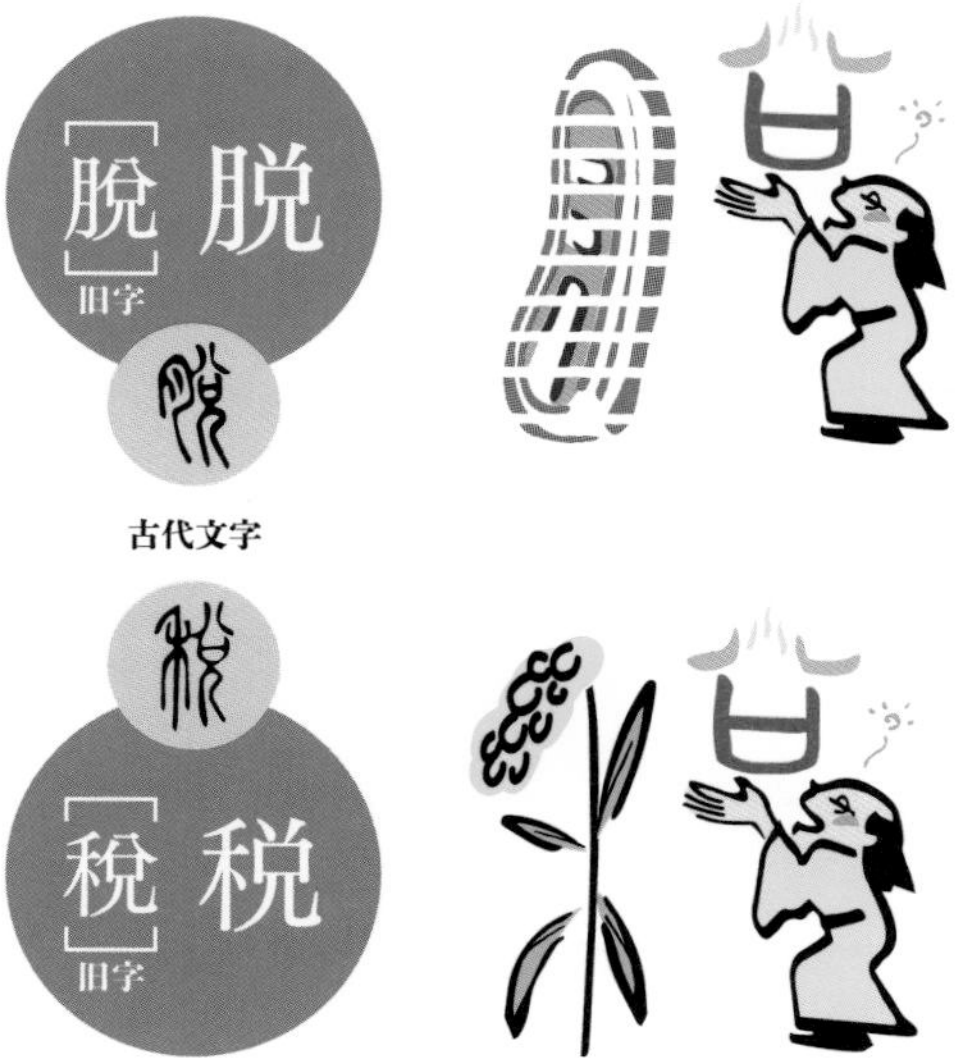

次の一万円札の肖像《しょうぞう》となる渋沢栄一《しぶさわえいいち》が『論《ろん》語《ご》』を愛読していたこともあってか、いまちょっとした『論語』ブームです。

その孔子《こうし》と弟子《でし》たちの言行録《げんこうろく》である『論語』巻《かん》頭《とう》の言葉は「子曰《しいわ》く、学んで時に之《こ》れを習う、亦《ま》た説《よろこ》ばしからずや」（先生は言われた。「学んだことをしかるべきときに復習《ふくしゅう》するのは、喜ばしいことではないか」）です。ここでは「よろこばしい」の意味に「説」の字を使っています。「説」も神気がただよい、神が乗り移っている状態の言葉なので「よろこぶ」意味がある漢字なのです。

政《せい》治《じ》

枝《えだ》でたたき税金《ぜいきん》取る「政」
水を治め世を治める「治」

豊作《ほうさく》を神に祈《いの》る農耕《のうこう》の儀式《ぎしき》

新型コロナウイルスが感染拡大《かんせんかくだい》する時代に使われる二字熟語《じゅくご》に注目して、そこから体系《たいけい》的に成り立つ漢字の繋《つな》がりを紹介してきました。その最後に「政治《せいじ》」の文字について、書いてみたいと思います。「政」は「正」と「攵《ぼく》」を合わせた文字です。まず「正」の字形から紹介しますと、今は「一」に「止」を加えた形ですが、例に挙げた古代文字の「政」の左側を見ると「口」に「止」を加えた字形になっています。この「口」は顔の「くち」でも、神への祈《いの》りの言葉をいれる器「サイ」でもなく、城郭《じょうかく》で囲われた都市のことです。「止」は足跡《あしあと》の形で、城《しろ》（口）に向かって軍隊が進軍し征服《せいふく》する意味の字が「正」です。

この「正」がもっぱら「ただしい」の意味に使われだしたので、さらに道を行く「彳」（ぎょうにんべん）が加えられて「征《せい》」の字が作られました。敵《てき》を倒《たお》す「征服」などに使われていますが、「征」には征服した土地の民から「税金《ぜいきん》を取り立てる」という意味があります。「政」の右の「攵」は「攴」と同じ字です。「攴」の「卜」の部分は木の枝《えだ》（または鞭《むち》）の形です。つまり「政」とは征服した土地の人びとを木の枝（鞭）でたたいて、税金を取り立てることが第一の意味でした。このように「政」は支配形態《しはいけいたい》を示《しめ》す文字なのです。

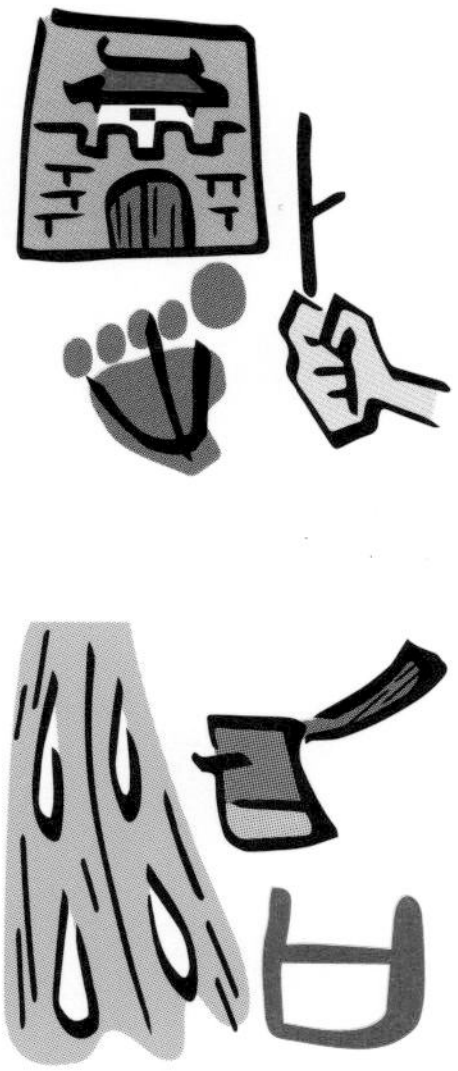

「治」の「台」の「ム」は農具の「鋤《すき》」、「口」は神様への祈りの言葉を入れる器「サイ」で、「台」は豊作《ほうさく》を神に祈る農耕《のうこう》の儀式《ぎしき》です。高殿《たかどの》を表す「台」（臺＝旧字《きゅうじ》）とは元々は違《ちが》う字です。「受胎《じゅたい》」の「胎」にも「台」があります。人の出生と作物の生産は対応《たいおう》するものと考えられていて「受胎」を願う時にも「ム」（鋤《すき》）と「口」（サイ）とで祈りました。「台」に「月」（肉づき）を加えて「胎」は「みごもる」意味となったのです。そして「台」で「女」の出産の無事を祈る儀式の文字が「始」です。それで無事出生するので「はじめ」の意味になりました。

古代文字

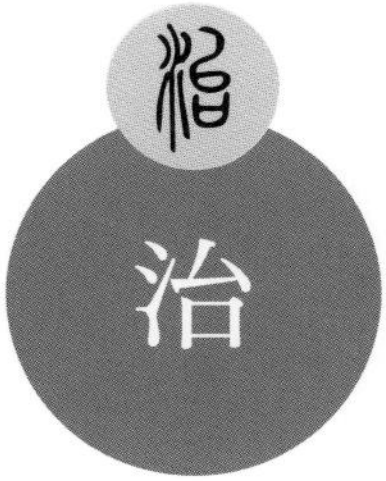

農耕の開始前に鋤を祓《はら》い清《きよ》める儀式の「台」に「氵《さんずい》」を加え、その意味を、水を治める儀式に移《うつ》して、「おさめる、まつりごと」意味の字として「治」ができました。古代でも治水が重要な大事業だったので、世を治める「政治」の意味となっていったのです。

この本の最後に紹介する漢字は「怠《たい》」です。「台」は神に祈る行為《こうい》ですが、この「怠」は神頼《かみだの》みばっかりで「心」が「なまけている」という意味の文字です。

いつの世も「政治」の怠慢《たいまん》は許されるものではありません。

あとがき

「えびフライ定食」という日本語があります。「えび」は和語、「フライ」は外来語、「定食」は漢語です。このように日本人は自由にというか、融通無碍《ゆうずうむげ》にというか、外国の言葉を自在に取り入れて、自分たちの言葉として使ってきました。そこにあまり違和《いわ》感を持ちません。

和語・外来語・漢語のうち複数の語種からできた日本語を「混種語」と言います。和語・外来語・漢語の三つを合わせた混種語はそれほど多くはないようですが、「パン食い競争」なども、その例です。「パン」は外来語、「食い」は和語、「競争」は漢語です。「パン」は十六世紀後半にポルトガル人によって、日本に伝えられた食べ物です。

新型コロナウイルスによる感染症《かんせんしょう》の拡大《かくだい》という状況《じょうきょう》の中で「コロナ感染」「コロナ時代」「コロナ禍《か》」などの混種語がすぐに作られていきました。いずれも「外来語」と「漢語」によるものです。

本来、新しい外来語は、日本語にとって異質《いしつ》な語彙《ごい》であるため、定着した混種語は「カップ麺《めん》」「金ボタン」など慣用が久しい外来語を用いたものがほとんどのようです。

「コロナウイルス」という言葉は日本語にとって、かなり異質な新しい「外来語」だったのですが、すぐに「コロナ感染」「コロナ時代」「コロナ禍」などという日本語が使われるようになりました。それほど「新型コロナウイルスの感染拡大」のニュースが毎日、繰《く》り返し報道され、「コロナ」という言葉が、日本人にとって異質性を持ちながらも、日本語として対応していかなくてはならない重大な時代状況となっていったということです。

でも「コロナ禍」という言葉の横に、既《すで》に定着した日本語である「えびフライ定食」などの言葉を並《なら》べてみればわかることですが（ちょっと突飛《とっぴ》すぎる比較《ひかく》ですが）、頻繁《ひんぱん》に使われる「コロナ禍」もまだ登場したばかりの新しい言葉で、日本語の中によく馴染《なじ》んでいるという感覚までには至《いた》っていないと思います。

☆

「コロナ」以外にも、この新型感染症の拡大とともに、たくさんの外来語が日本社会で使われるようになりました。「クラスター」「テレワーク」「ステイホーム」「ソーシャル・ディスタンス」「ロックダウン」「オーバーシュート」「パンデミック」……などです。

その一方で、漢語、特に漢字の「二字熟語《にじじゅくご》」もたくさん使われるようになっていったのです。「感染《かんせん》」「免疫《めんえき》」「救急《きゅうきゅう》」「自粛《じしゅく》」「逼迫《ひっぱく》」「密集《みっしゅう》」「通知《つうち》」「消毒《しょうどく》」「罰則《ばっそく》」「在宅《ざいたく》」「推進《すいしん》」……などが新聞、雑誌《ざっし》、テレビ、インターネットに頻繁に登場するようになりました。

新しい外来語に比べて、少ない字数の中に意味をしっかり表現できる漢語の「二字熟語」の凝縮《ぎょうしゅく》力はたいしたものだと改めて感じました。

本書では、コロナ時代に使われる漢語の「二字熟語」を取り上げながら、論理的《ろんりてき》・体系的《たいけいてき》に繋《つな》がる漢字の世界を紹介《しょうかい》しました。

☆

新しい外来語を日本語がどのように使っていくのか、同時期に頻繁に使われるようになった漢語が、社会の中で、どのように機能していくのかを注目しておりました。

例えば、新しい外来語のうち「クラスター」は「感染者集団」のことですが、その漢語の訳語《やくご》を付けなくても、既に日常生活の中で使われていますし、最初は「自宅などで仕事をするテレワーク」などと、説明語を付して使われていた「テレワーク」も、そのまま日常の中で使われるようになりました。「ステイホーム」は構成する外来語の「ステイ」も「ホーム」も馴染み深いものだったためか、これもよく用いられています。

一方で「ソーシャル・ディスタンス」(社会的距離《きょり》)は、社会的な分断をイメージさせるため、「フィジカル・ディスタンス」(身体的距離)という言葉の使用が推奨《すいしょう》されるようになりました。でも「フィジカル・ディスタンス」という日本語の力は、まだ未知なものです。

☆

そして、簡潔《かんけつ》な漢語の「二字熟語」が多用されることにも関係していると思われますが、日本語は日常使う言葉を短く凝縮していく言語です。

「日本人にとって、新しい言葉を四音以内にすると日本語になるんです」。そんな話を言語学者の柴田武《しばたたけし》さんから、うかがったことがあります。柴田武さんは日本で一番売れているという国語辞書『新明解国語辞典』の編者も務められた国語学者です。
つまり、柴田武さんによれば、「デジタル・カメラ」は外国の言葉のままのような外来語ですが、「デジカメ」になるとすっかり日本語なのです。「パーソナル・コンピューター」はまだ外国の言葉ですが、「パソコン」は日本語。「セクシャル・ハラスメント」も外国の言葉ですが、「セクハラ」は日本語です。

確かに「それはセクシャル・ハラスメントですよ」と言われるよりも、「それはセクハラですよ」と言われほうが、日本語としてのパワーを強く感じます。ちょっと考えていただければ、他にも「四音以内」に凝縮していく日本語の例は非常にたくさんあると思います。

長音「ー」や促音便《そくおんびん》「っ」、また撥音便《はつおんびん》「ん」を一音とは数えないという考え方をすると、「クラスター」「テレワーク」「ロックダウン」は「四音以内の日本語」だと言えるかもしれません。

☆

さらに加えて、もう一つ記しておきますと、柴田武さんは「ドメスティック・バイオレンス」(domestic violence)を日本語で「DV」と略して呼《よ》ぶことについて、慨嘆《がいたん》しておりました。
「ドメスティック・バイオレンス」は、日本では「配偶《はいぐう》者や恋人《こいびと》など親密《しんみつ》な関係にある、またはあった者から振《ふ》るわれる暴力」という意味で使われています。そして「DV」も確かに「四音以内」の言葉ゆえでしょうか……日本語に定着しました。「デジカメ」「パソコン」「セクハラ」の例にならえば「ドメバイ」となるか、あるいは、その意味に相当する漢語や混種語を作って使用していくべき……という柴田武さんの嘆《なげ》きだったと思います。

でも、近年使われ出した言葉の一例を挙げますと、ＬＧＢＴＱ（性的少数者）など、多様な意味を含《ふく》んだ言葉を表すには、アルファベットの冒頭《ぼうとう》を略して使用する日本語が今後、増えてくるかもしれないのです。

このように、いろいろな言語を呑《の》み込《こ》んでいける日本語ですが、外来語や外来語の略称《りゃくしょう》が日本語の中で多用されると、せっかくの言葉が日本語としてわかりづらいものになっていってしまいます。

新型コロナウイルスの感染拡大の時代、急速に、日本語の中に流入してきた外来語である「クラスター」「オーバーシュート」「ロックダウン」などの言葉が頻繁に使われる状況に対して、二〇二〇年三月に当時、防衛大臣だった河野太郎さんが「日本語で言えることをわざわざ片仮名で言う必要があるのか。わかりにくいという声も出ている」との考えを表明しました。専門家《せんもんか》の用語が日本語にそのまま入ってくることへの懸念《けねん》を示したのです。

「クラスター」は「感染者集団」、「オーバーシュート」は「爆発的患者急増《ばくはつてきかんじゃきゅうぞう》」、「ロックダウン」は「都市封鎖《としふうさ》」で、いいではないかという指摘《してき》でした。

確かに、外来語をそのまま日本語の中に持ち込むと、その意味するところがあいまいなまま言葉として使用されていきますので、一般《いっぱん》の人にはわかりにくくなってしまいがちですし、また意味の誤用《ごよう》となってしまう場合もあります。

実際、「オーバーシュート」を「爆発的患者急増」の意味に使うのは誤用ではないかという指摘もあります。ある目標《もくひょう》（範囲《はんい》）を決めて、そこをねらったのに、その目標（範囲）に収《おさ》まらず、それを超《こ》えてしまうのが「オーバーシュート」ですから、「爆発的患者急増」の意味には「アウトブレーク」という言葉を使うべきだそうです。

☆

時代の大きな転換期《てんかんき》、激動期《げきどうき》であった明治時代にも多くの外来語が入ってきました。でも明治の人たちは、それをなるべく漢語に置き換《か》えて、日本語として使っていきました。

例えば、本書の中にも紹介しましたが、「理想」は「ideal」の翻訳語《ほんやく》として、西周《にしあまね》がつくった和製漢語です。他にも西周の作った「哲学《てつがく》」や「概念《がいねん》」、箕作麟祥《みつくりりんしょう》が作った「国際」など、多くの和製漢語が誕生《たんじょう》しています。

つまり、漢語を使って意味がわかりやすい短い言葉に置き換えて日本語に取り込む努力を日本人は重ねてきたわけです。紹介したように、日本語は多くの言葉を呑み込んでいける言語ですが、新しい外来語を漢語や和語に置き換えて、しっかり理解して使っていくこともとても大切です。

そのような言語に対する日本人の感覚を反映《はんえい》して、短く凝縮《ぎょうしゅく》した言葉で意味を伝えることが可能な漢語の「二字熟語」が新型コロナウイルス感染拡大の時代にたくさん使われているのだと思います。

☆

新型コロナウイルスの感染拡大の中、漢字に関する書籍《しょせき》がたくさん刊行されていきました。難《なん》読《どく》の漢字に挑戦《ちょうせん》する本、漢字を使ったパズル本、さまざまな漢字本があります。でもせっかく、漢字を学ぶならば、論理的に繋がる漢字の世界をぜひ知ってほしいと願い、コロナ時代に多用される漢字の「二字熟語」を通して、体系的に成り立っている漢字の仕組みを紹介しました。

例えば「コロナ禍」の「禍」の文字の繋がりについて「禍中」の項《こう》で書きました。「禍」の「咼《か》」の部分は、死者の残骨《ざんこつ》を表す「冎《か》」に、神様への祈《いの》りの言葉を入れる器「口」（サイ）をささげて、お祓《はら》いをしている文字です。「死者の残骨」からの「禍《わざわい》」に対して、神様へお祈りして、その「わざわい」を祓う行為《こうい》から「禍」という漢字が生まれています。

そして、死者の上半身の肋骨《ろっこつ》の残骨はまるくくぼみ、渦《うず》を巻《ま》くような形をしているので、「咼」を含む字には、まるくくぼんだ意味、渦を巻いた意味があります。

まさに「渦《うず》」がそうですし、「鍋《なべ》」もまるくくぼんだ器です。「虫」を加えた「蝸《か》」は渦状の虫で「かたつむり」のことです。

このように漢字はたいへん論理的に繋がっています。その漢字の仕組みを理解できれば、漢字を一つひとつ覚える必要はないのです。これほど漢語が多用される時代もたいへん珍《めずら》しいと思いますが、その日常の中で繰り返し使われる漢語の「二字熟語」を手がかりに、漢字という文字の成り立ちを理解していただけたらと思います。

コロナ時代、人と人との距離が拡大し、日常生活にも閉塞感《へいそくかん》が強くあって、つらいことが多いです。でもこの本では「コロナ時代の二字熟語」を通して、漢字の成り立ちの世界を楽しくわかりやすく紹介いたしました。さらに古代中国と日本文化の繋がり、中国と日本の違《ちが》いなどについても記しましたので、それらを楽しんでいただけたとしたら嬉しいです。

☆

本書の基となったものは、二〇二〇年春から共同通信社配信で全国の新聞に掲載《けいさい》された「白川静さんに学ぶ　漢字がわかる」の連載です。新型コロナウイルスによる感染症が拡大し始めた二〇二〇年は、私が敬愛《けいあい》する白川静さんの生誕《せいたん》百十年でした。それを記念した連載でもありました。本書で紹介した漢字の体系は白川静さんの研究に従《したが》っています。

漢字を知らない日本人はいません。ですから、少しの説明を受けるだけで、漢字がどのような仕組みでできているかを簡単《かんたん》に理解することができます。理解のための予備知識は何も必要がありません。新聞連載中にも〈日々使う漢字の「二字熟語」の各文字の繋がりを知って、ちょっと得したような気分を味わうことができました〉という感想をいただいたりしました。今回、書籍化するにあたり、さらに読みやすくするために、全面的に書き改めてもいます。

漢字を学ぶなら、漢字の成り立ちの秘密《ひみつ》を解明して文化勲章《ぶんかくんしょう》を受けた白川静さんの研究で、その漢字の繋がりの世界を知ってもらいたいと思います。この本で白川静さんが解き明かした漢字の世界に興味を抱《いだ》かれた人は、ぜひ、白川静さんの入門的な字書『常用字解《じょうようじかい》』などで、漢字の繋がりぶりをさらに理解してほしいと願っています。

著者

白川静（しらかわ・しずか）

1910 年〜 2006 年（96 歳）福井市出身。立命館大学名誉教授。2004 年文化勲章受章。字書三部作『字統』『字訓』『字通』を刊行。中国の古代文字である甲骨文・金文を分析することで、古代人の生活と意識にまで踏み込んだ「白川文字学」の体系を打ち立てる。『字訓』は日本語の語源を考察した字書。最後の字書『漢字の体系』が 2020 年に刊行された。国文学者としての仕事に『初期万葉論』『後期万葉論』などがある。

小山鉄郎（こやま・てつろう）

1949 年、群馬県生まれ。一橋大学経済学部卒。共同通信社編集委員・論説委員。村上春樹作品の解読や白川静博士の漢字学の紹介で、日本記者クラブ賞受賞。著書に『白川静さんに学ぶ 漢字は楽しい』『白川静さんに学ぶ 漢字は怖い』（共同通信社・新潮文庫）、『白川静入門 真・狂・遊』（平凡社新書）、『村上春樹を読みつくす』（講談社現代新書）、『村上春樹を読む午後』（文藝春秋、共著）、『村上春樹の動物誌』（早稲田新書）、『大変を生きる―日本の災害と文学』『文学はおいしい。』（作品社）、『あのとき、文学があった―「文学者追跡」完全版』『白川静さんに学ぶ これが日本語』（論創社）など。
2009 年から白川静博士の業績を学ぶ同人会「白川静会」の事務局長を務めている。

白川静《しらかわしずか》さんに学《まな》ぶ 漢字《かんじ》がわかる
コロナ時代《じだい》の二字熟語《にじじゅくご》

2021年11月10日　初版第1刷印刷
2021年11月20日　初版第1刷発行

著者　**小山鉄郎**
発行者　**森下紀夫**
発行所　**論創社**
東京都千代田区神田神保町2-23　北井ビル
tel. 03（3264）5254　fax. 03（3264）5232
web. https://www.ronso.co.jp
振替口座 00160-1-155266

イラスト　**はまむらゆう**
装釘　**宗利淳一**
組版　**フレックスアート**
印刷・製本　**中央精版印刷**

ISBN978-4-8460-2095-8